赛迪研究院研究丛书 2023

工业现代化

新时代的制造强国之路

张 立 程 楠 邵立国 等 著

電子工業出版社
Publishing House of Electronics Industry
北京•BEIJING

内 容 简 介

工业现代化是一个经典命题，我国早在 1954 年就提出要实现工业现代化。新时代背景下，如何理解工业现代化、如何推进工业现代化是本书的出发点。本书研究和回答了三个问题：一是新时代工业现代化的内涵和特征是什么；二是在以中国式现代化推进中华民族伟大复兴的重要思想中，工业现代化的地位和角色是什么；三是新时代推进工业现代化的任务和路径是什么。本书按照理论、历史和现实逻辑展开，包括工业现代化的理论分析、发达国家推进工业现代化的经验总结、我国推进工业现代化的历史经验与成就、新时代我国推进工业现代化面临的形势与问题，以及新时代我国推进工业现代化的总体战略和战略任务等。

本书是对新时代我国推进工业现代化的研究探索，希望能够为行业管理部门和企业发展提供参考。

图书在版编目（CIP）数据

工业现代化：新时代的制造强国之路 / 张立等著. —北京：电子工业出版社，2023.6
（赛迪研究院研究丛书. 2023）
ISBN 978-7-121-45730-2

Ⅰ. ①工… Ⅱ. ①张… Ⅲ. ①制造工业－产业发展－研究－中国 Ⅳ. ①F426.4

中国国家版本馆 CIP 数据核字（2023）第 104013 号

责任编辑：张佳虹
印　　刷：北京七彩京通数码快印有限公司
装　　订：北京七彩京通数码快印有限公司
出版发行：电子工业出版社
　　　　　北京市海淀区万寿路 173 信箱　　　　邮编：100036
开　　本：720×1000　1/16　印张：10.75　字数：172 千字
版　　次：2023 年 6 月第 1 版
印　　次：2024 年 4 月第 3 次印刷
定　　价：49.00 元

凡所购买电子工业出版社图书有缺损问题，请向购买书店调换。若书店售缺，请与本社发行部联系，联系及邮购电话：（010）88254888，88258888。

质量投诉请发邮件至 zlts@phei.com.cn，盗版侵权举报请发邮件到 dbqq@phei.com.cn。

本书咨询联系方式：（010）88254493；zhangjh@phei.com.cn。

赛迪研究院研究丛书

2023

工业现代化——新时代的制造强国之路

课 题 组

课题顾问

肖　华　工业和信息化部电子科技委副主任、中国工程院战略咨询中心特聘专家、原工业和信息化部规划司司长

周民良　中国社会科学院工业经济研究所、研究员

付保宗　国家发展改革委国际合作中心副主任、研究员

冯　华　北京交通大学经济管理学院教授

郭　威　中央党校（国家行政学院）经济学部教授

朱明皓　北京交通大学中国高端制造业研究中心执行主任课题负责人

课题负责人

张　立　中国电子信息产业发展研究院院长

课题协调人

程　楠　规划研究所所长、研究员

邵立国　规划研究所副所长、副研究员

课题组成员

张昕嫱　规划研究所制造业发展研究室主任、副研究员

康萌越　规划研究所基础研究室主任、副研究员

孙海尧　规划研究所制造业发展研究室副主任、助理研究员

郝伟伟　规划研究所新兴产业研究室副主任、高级工程师

邱　石　规划研究所基础研究室研究人员、助理研究员

李　婧　规划研究所制造业发展研究室研究人员、助理研究员

谭俊彬　规划研究所产业规划研究室研究人员、助理研究员

序言 | Preface

党的二十大报告深刻指出，“从现在起，中国共产党的中心任务就是团结带领全国各族人民全面建成社会主义现代化强国、实现第二个百年奋斗目标，以中国式现代化全面推进中华民族伟大复兴”。工业是国民经济的主体，一定程度上决定着一个国家的综合国力和现代化水平。为实现社会主义现代化强国建设目标，我们必须持续推动新时代工业现代化建设。

工业现代化是一个既传统又现代的概念。说到传统，早在 1954 年，第一届全国人民代表大会首次正式和完整地提出“四个现代化”，明确要建设起强大的现代化的工业、现代化的农业、现代化的交通运输业和现代化的国防。1975 年，第四届全国人民代表大会第一次会议上明确提出了实现工业、农业、国防和科学技术的现代化目标。说到现代，党的二十大报告将“中国式现代化”作为全面推进中华民族伟大复兴的战略途径。工业兴则国兴、工业强则国强，工业现代化是中国式现代化在工业部门的具体体现，是实现中国式现代化的必要条件。

发达国家推进工业现代化的经验，为中国推动新时代工业现代化提供了宝贵镜鉴。世界近现代历史表明，一个国家要实现现代化，首先必须实现工业化；要成为现代化强国，首先必须实现工业现代化、跻身制造强国行列。英国、美国、德国、日本等发达国家（制造强国）顺应历次工业革命趋势，在技术变革、产业组织、产业政策等方面综合施策，带动了产业结构及生产模式的不断升级。中国错失了前三次工业革命的难得机遇，但在中国共产党领导下，中国走出了一条独具特色的工业现代化道路，工业发展取得了举世瞩目的成就，打破了“现代化就是西方化”的迷思，充分表明，世界上既不存在定于一尊的现代化模式，也不存在放之四海而皆准的现代化标准，为发展中国家工业现代化的探索提供了“中国方案”。

我们要把脉时代要求，加快走出一条符合科学规律、具有中国特色的工业现代化道路。党的二十大擘画了以中国式现代化推进中华民族伟大复兴的宏伟蓝图，吹响了全面建设社会主义现代化国家、全面推进中华民族伟大复兴的奋进号角。在全面建设社会主义现代化国家新征程上，工业发展责任重大、使命光荣，要深刻领会工业现代化的时代要求，科学把握新时代赋予工业现代化的新内涵、新使命，以中国式现代化推动工业提质增效，为实现社会主义现代化强国建设目标提供重要支撑和强大保障。

加快推进工业现代化还有很多问题值得深入研究。中国电子信息产业发展研究院主动担当、积极作为，对工业现代化的时代内涵、重要特征进行了深入分析，对发达国家推进现代化的宝贵经验及我国百年工业史进行了深刻回顾，并从产业创新、产业体系、生产模式、产业组织、产业治理等方面对新时代推进我国工业现代化的战略任务和实施路径进行了系统阐述，因此，这是一个兼具理论逻辑、历史逻辑、时代逻辑的研究成果，也是推动中国工业发展的一部力作。

本书编写组

2023 年 2 月

前言 | Preface

英国、美国、德国、日本等制造强国的发展历程表明，一个经济大国要实现现代化，必须先实现工业现代化。中国很早就启动了工业现代化工作，周恩来总理在1954年第一届全国人民代表大会上所做的政府工作报告中，首次提出工业、农业、交通运输业和国防的“四个现代化”。1979年，中共中央政治局会议上正式提出“中国式的现代化”概念。党的二十大报告中，发出了“从现在起，中国共产党的中心任务就是团结带领全国各族人民全面建成社会主义现代化强国、实现第二个百年奋斗目标，以中国式现代化全面推进中华民族伟大复兴”的伟大号召。新时代背景下，如何理解工业现代化、如何推进工业现代化，是工业发展必须要重视和解决的重要课题。以此为起点，本书研究和回答了以下三个问题。一是关于“是什么”，即回答与以往各个历史时期相比，新时代工业现代化的总体要求、内涵特征是什么等问题。二是关于“为什么”，即回答工业现代化处于什么地位、扮演什么角色。三是关于“怎么办”，即回答新时代推进工业现代化的目标任务、重点路径是什么等问题。本书按照推进工业现代化的理论逻辑、历史逻辑和现实逻辑展开，共分六章。具体如下：

第一章从理论研究入手，梳理了国内外关于现代化和工业现代化相关的经典理论和研究成果，并系统总结了新时代推进工业现代化对加快新型工业化进程、提高制造业供给质量、构建现代化经济体系等方面的重大意义。

第二章回顾了英国、美国、德国和日本推进工业现代化的典型做法，并且从技术进步、产业结构制造模式、产业组织和政府制度安排等角度，对发达国家推进工业现代化的典型经验进行了总结。

第三章按照新民主主义革命时期、社会主义革命和推进社会主义建设时期、改革开放和社会主义现代化建设时期，以及中国特色社会主义新时代四个阶段，重点按照四个历史阶段，从技术创新、产业结构、生产模式、产业组织、政府治理五个维度，总结了我国不同时期对工业现代化的认识，以及具体的做法。

第四章对我国工业领域在技术创新、产业结构、生产模式、产业组织、政府治理等方面存在的问题进行梳理，并从大国博弈、新兴经济体竞争、三重压力释放、要素支撑四个角度分析了新时代我国推进工业现代化面临的风险与挑战。

第五章提出了新时代推进工业现代化的总体战略，首先分析了新时代对推进工业现代化的时代要求，之后阐明了新时代工业现代化的科学内涵和基本准则，最后对新时代推进工业现代化的路径进行了选择。

第六章立足工业现代化的总体战略任务，提出构建科技自立自强的创新体系、打造安全高效的产业体系、推广数字化/低碳化的先进制造模式、完善链群协同的组织形态、推进工业治理体系现代化五大战略任务。

本书是对我国工业现代化道路的一次初步研究和探索，希望能够为我国行业管理部门和相关企业发展提供有益参考。本书难免有欠妥和疏漏之处，我们真诚地期待来自各领域读者的宝贵意见与建议。

本书编写组

2023 年 2 月

目录 | Contents

第一章 | Chapter 1

工业现代化的理论分析

工业是国民经济的主体，在一定程度上决定着一个国家的综合国力和现代化的水平。系统梳理现代化及工业现代化的理论，把握工业现代化的推进规律，是新时代推进工业现代化的基础和前提。

第一节　现代化的理论研究

现代化反映了人类社会的深刻变化，现代化作为一种现象大概在 18 世纪出现，而关于现代化的研究则兴起于 20 世纪初期，在 20 世纪中叶达到高峰。现代化的理论和实践规律，是我们深刻理解工业现代化的概念内涵、制定未来战略任务的基本理论依据。

一、西方现代化的相关理论

1．现代化的概念梳理

现代化（modernization）是个外来词，意为“to be modern”，即“使成为现代的”，是一个多层次、多阶段的历史过程。[①]目前，学术界对现代化的概念及含义尚未取得统一的认识。但一般认为，现代化是指从一个以农业为基础的人均收入低的社会，走向着重利用科学和技术的都市化和工业化社会的一种转变过程。[②]

现代化的概念有广义和狭义之分。根据现代化研究者罗荣渠先生的定义，广义的现代化作为一个世界性的历史过程，是指人类社会从第一次工业革命以来所经历的变革，这一变革以工业化为推动力，导致传统农业社会向现代工业社会全球性的大转变过程，它使工业主义渗透到经济、政治、文化、思想各个领域，引起深刻的相应变化；狭义的现代化不是一个自然的社会演变过程，它是落后国家采取高效率的途径，通过经济技术改造和学习世界先进经验，带动

---

① 何传启：《现代化概念的三维定义》，《管理评论》2003 年第 3 期。

② 徐冬青：《世界发达国家现代化的经验及启示》，《世界经济与政治论坛》2012 年第 6 期。

广泛的社会改革，以迅速赶上先进工业国和适应现代世界环境的发展过程。[①]

从研究领域视角看，现代化一般可以分为政治现代化、经济现代化、社会现代化等诸多分支领域。从社会变迁视角看，现代化是指源于英国工业革命（即第一次工业革命）和法国大革命的一种社会变迁模式，存在于一些领先发展的社会的经济进步和政治进步中，也存在于后来者追随前者的转变过程中。[②]从经济发展视角看，现代化是指人类社会从传统农业社会向现代工业社会的转化过程，是以工业化为核心的社会经济变革。[③]从技术变革视角看，现代化代表着先进科学技术的研发、应用与更新，带动社会生产力与生产关系的不断优化。

2．现代化的相关理论

不同领域的学者对现代化的现象特征与发展规律进行了系统性的研究，梳理形成流派众多、内容繁杂的现代化理论。其中，最具代表性和现实意义的主要为现代化的阶段论、现代化的动力论和现代化的模式论。

现代化的阶段论。对现代化的推进过程，学者先后提出了“四阶段论”“五阶段论”“六阶段论”等划分方法。美国学者布莱克提出的“四阶段论”将现代化划分为现代化的挑战、现代化领导的稳固、经济和社会的转型、社会整合四个阶段。[④]美国学者罗斯托提出的“五阶段论”将现代化分为传统社会、为起飞创造前提条件、起飞、走向成熟、大众消费五个阶段。此后，罗斯托又在“五阶段论”的基础上提出“六阶段论”，即在原有的五个阶段后增加了追求生活质量阶段。[⑤]

现代化的动力论。人们普遍认为，现代化推进动力的核心是经济和工业的发展。众多经济理论都可以理解为经济现代化理论和现代化动力理论。社会学视角下的现代化研究认为，现代化的核心动力源自经济现代化，现有经济学理

---

① 尹朝安：《现代化赶超中的制度创新：历史考察与理论分析》，博士学位论文，中国社会科学院，2002 年。

② 单世联：《因为现状可以改变》，江苏教育出版社，2005。

③ 鲁俊海、吕欢：《论中国现代化的特点和世界意义》，《时代经贸》2011 年总第 223 期。

④ 布莱克：《现代化的动力》，段小光译，四川人民出版社，1988。

⑤ 高曦、杨可扬：《罗斯托经济增长阶段论概述》，《法制与经济》2022 年第 1 期。

论对推动经济现代化的创新、技术、制度等重要因素进行了系统性分析。其中，波特①的创新驱动理论强调创新对经济增长的引擎作用，索洛②的外生经济增长理论强调技术进步对提高全要素生产率的促进作用，科斯③的新制度经济学理论强调组织性质及治理结构对经济发展的重要作用。

现代化的模式论。一般认为，现代化可分为早发内生型和后发外生型两种模式，该理论是建立在西方中心主义基础上的。早发内生型现代化模式是指在现代化进程中，没有任何前在样板可以借鉴，一切都凭社会自然演进的现代化模式，主要指西方资本主义国家的现代化模式，英国、美国、法国均遵循该模式。④后发外生型现代化模式是指在发展过程中有先发国家（也称“早发国家”）做样板，社会发展的问题、路径、结局等有可以借鉴的现代化模式，进而实现从“传统”向“现代”的转变，日本等国的现代化进程遵循该模式。⑤

对于不同国家的现代化进程，学者也总结出现代化的依附理论、三次浪潮理论等。

现代化的依附理论。该理论是 20 世纪 60—70 年代在拉丁美洲产生的，主要研究不发达国家和发达国家之间的政治经济格局。该理论以西方中心主义为基础，核心概念是“中心”和“边缘”。⑥该理论认为，发达国家在国际政治经济关系中处于中心地位，其他国家处于边缘地位，从而构成了发达国家与不发达国家之间的“中心–边缘结构”或依附关系。不过，“中心–边缘结构”或依附关系不是固定不变的，而是可以相互影响和相互转换的，当“中心”变化后，“边缘”也随之改变。

三次浪潮理论。理论界对世界现代化进程有多种说法，其中最具代表性的是罗荣渠教授提出的三次浪潮理论。该理论认为，第一次世界现代化浪潮起源

---

① 迈克尔·波特：《国家竞争优势》，李明轩、邱如美译，中信出版社，2007。

② 罗伯特·M. 索洛：《经济增长理论：一种解说》，朱保华译，格致出版社，2015。

③ 斯蒂文·G. 米德玛：《科斯经济学》，陈昕译，格致出版社，2018。

④ 杰弗里·亚历山大：《迪尔凯姆社会学》，戴聪腾、陈维振译，辽宁教育出版社，2001。

⑤ 安德鲁·韦伯斯特：《发展社会学》，陈一筠译，华夏出版社，1987。

⑥ 王可园、张学娟、王子蕲：《中国式现代化新道路》，上海人民出版社，2022。

于18世纪的第一次工业革命。第一次工业革命在英国发生后，在世界范围内不断扩散，推动世界进入工业化时代。第二次世界现代化浪潮伴随着第二次工业革命展开，欧美国家的产业结构开始由以轻工业为主导转变为以重工业为主导，新兴国家经济出现跳跃式发展。第三次世界现代化浪潮发生在第二次世界大战结束以后的第三次工业革命，发达工业国开始工业换代，初级工业化向高级工业化升级，东亚地区迅速崛起。

3．现代化的推进路径

现代化有一种天然的扩张性，会不断向更广阔的地区推进。对于各国推进现代化的类型，大体上可以分为早发国家的现代化和后发国家的现代化两类。从世界现代化进程来看，早发国家多半是依靠殖民掠夺等手段获取发展所需的原始积累，并且伴随着全球扩张的过程，为其在国际竞争和贸易中占据优势地位。

早发国家通过更强大的生产能力和更有效的组织形式取得优势，后发国家明显感到与早发国家在技术等方面的差距，会本能地模仿早发国家并试图追赶早发国家。对于后发国家，早发国家的现代化模式为后发国家提供了借鉴。从理论上讲，后发国家如果能够找到与本国相适应的现代化道路，就可能比早发国家走上更高质量的现代化道路。[①]可以说，第二次世界大战后世界的发展史，就是一部后发国家利用现代化进程追赶早发国家的历史。对于后发国家的优势，美国学者格尔森克隆指出，一个国家的工业发展越是落后，其工业化飞跃一旦开始就越猛烈。

二、中国式现代化的理论探索

在百年探索中，党领导人民不断推进马克思主义中国化，并在此过程中，逐步探索出一条中国式现代化道路，形成了中国式现代化相关的中国特色社会主义理论，不断丰富着马克思主义中国化的理论成果。

---

① 王可园、张学娟、王子蕲：《中国式现代化新道路》，上海人民出版社，2022。

1. 马克思、恩格斯的现代化思想

马克思和恩格斯在其理论著作中虽然没有直接提出“现代化”一词，但其现代化思想贯穿其对现代社会及工业大生产的阐述中。马克思和恩格斯认为，“自从蒸汽和新的工具机把旧的工场手工业变成大工业以后，在资产阶级领导下造成的生产力，就以前所未闻的速度和前所未闻的规模发展起来了”[①]，即科学技术进步引起的工业大生产是推动现代化的重要动力。生产力的进步引起传统社会向现代社会发展，社会的现代化进程得以推进，这分为两个阶段。一个阶段是“现代的资本主义社会”，“‘现代社会’是存在于一切文明国家中的资本主义社会，它或多或少地摆脱了中世纪的杂质，或多或少地由于每个国家特殊的历史发展而改变了形态，或多或少地有了发展”。[②]第二个阶段是更为高级的“共产社会主义社会”，“他们（工人阶级）知道，为了谋求自己的解放，并同时创造出现代社会在本身经济因素作用下不可遏制地向其趋归的那种更高形式，他们必须经过长期的斗争，必须经过一系列将把环境和人都加以改造的历史过程”。[③]马克思和恩格斯在著作中蕴涵的现代化思想，成为引领中国共产党人探索中国式现代化道路的理论渊源。

2. 中国式现代化的理论演进

自中国共产党成立起，党在先后领导人民在新民主主义革命时期、社会主义革命和建设时期、改革开放和社会主义现代化建设新时期、中国特色社会主义新时代，逐步形成了中国式现代化的有关理论，始终明确要越过“现代的资本主义社会”阶段，建设社会主义的现代化。

在新民主主义革命时期，以毛泽东同志为代表的领导人就明确了要实现现代化的发展目标，明确指出“中国人民的生产力是应该发展的，中国应该发展成为近现代化的国家、丰衣足食的国家、富强的国家”[④]；同时，还旗帜鲜明地

① 中共中央马克思恩格斯列宁斯大林著作编译局：《马克思恩格斯选集》第3卷，人民出版社，1995。
② 中共中央马克思恩格斯列宁斯大林著作编译局：《马克思恩格斯选集》第3卷，人民出版社，1995。
③ 中共中央马克思恩格斯列宁斯大林著作编译局：《马克思恩格斯选集》第3卷，人民出版社，1995。
④ 毛泽东：《毛泽东选集》第3卷，人民出版社，1991。

指出，“正是帝国主义和封建主义束缚了中国人民的生产力，不破坏它们，中国就不能发展和进步，中国就有灭亡的危险”“所以，首先就应该求得国家的独立，其次是民主”。[①]要实现现代化，中国必须实现国家的独立和统一，寻找中国特色社会主义现代化建设道路。

在社会主义革命和建设时期，立足于中国国情，毛泽东同志更为明确地提出工业现代化思想和目标。毛泽东同志在 1954 年第一次全国人民代表大会开幕式上提出，将我们现在这样一个经济上文化上落后的国家，建设成为一个工业化的具有高度现代文化程度的伟大的国家。周恩来在《政府工作报告》中，进一步明确了该思想：“如果我们不建设起强大的现代化的工业、现代化的农业、现代化的交通运输业和现代化的国防，我们就不能摆脱落后和贫困，我们的革命就不能达到目的。”在如何实现工业现代化方面，毛泽东同志在领导人民探索中国式现代化建设道路的过程中，总揽全局，统筹兼顾，于 1956 年和 1957 年分别发表了《论十大关系》《关于正确处理人民内部矛盾的问题》两篇重要文章，就如何推动现代化建设进行了论述，提出了“四个现代化”的奋斗目标，制定了“两步走”的战略步骤，并提出了要调动一切积极因素进行现代化建设的方针。毛泽东同志还在 1959 年年底至 1960 年年初进一步提出工业现代化、农业现代化、科学文化现代化和国防现代化的“四个现代化”思想，将工业现代化的内涵外延至国防工业。

在改革开放和社会主义现代化建设新时期，邓小平同志制定了社会主义初级阶段的基本路线，在社会主义现代化建设方面提出了“三个有利于”的标准，制定了“三步走”的战略。江泽民同志提出“发展是党执政兴国第一要务”的思想，同时指出，“要坚持以信息化带动工业化，以工业化促进信息化，走出一条科技含量高、经济效益好、资源消耗低、环境污染少、人力资源优势得到充分发挥的新型工业化路子。”胡锦涛同志提出的“科学发展观”，全面推进经济建设、政治建设、文化建设、社会建设，使工业现代化的内涵越发丰富，涵盖了工业文化、以人为本、全面协调可持续等方面内容。

---

① 毛泽东：《毛泽东选集》第 3 卷，人民出版社，1991。

进入中国特色社会主义新时代，中国式现代化建设迈入新阶段。习近平总书记在党的二十大报告中指出，从现在起，中国共产党的中心任务就是团结带领全国各族人民全面建成社会主义现代化强国、实现第二个百年奋斗目标，以中国式现代化全面推进中华民族伟大复兴。习近平总书记明确指出，中国式现代化是人口规模巨大的现代化，是全体人民共同富裕的现代化，是物质文明和精神文明相协调的现代化，是人与自然和谐共生的现代化，是走和平发展道路的现代化。这进一步完善了中国式现代化理论的中国特色和本质要求。

3．国内学者对现代化的相关研究

人们普遍认为，中国学者对现代化相关问题的探索始于 20 世纪 30 年代。在 1954 年我国正式确立现代化目标之后，理论界对现代化系统性的研究逐步展开。

在理论渊源方面，中国学者在强调中国传统文化所蕴含的哲学思维和马克思主义唯物史观是中国式现代化的理论渊源的同时，继承了国外学者关于现代化阶段论的观点。薛秀军等人认为，站在历史唯物主义的高度，重新确认和承载自身传统的中国式现代化，马克思主义的现代性视野为中国现代化道路提供了理论基础和指导方向。[①]

在基本内涵方面，研究认为中国式现代化是生产力高度发达的、社会主义的、全方位的现代化。比较中国式现代化与西方现代化，二者具有以下共性：它们均是指生产力高度发展、甚至使生产力水平达到国际领先地位的现代化；它们的实现过程都需要通过不断改革束缚生产力发展的体制机制，进而达到解放和增强社会生产力的目的。但中国式现代化也有不同于西方现代化之处：其中社会主义原则是中国式现代化区别于西方现代化的根本原则，必须毫不动摇地坚持[②]；中国要实现的是致力于“全面现代化”格局，包括工业现代化、农业现代化、国防现代化，以及在“五位一体”的总体架构下的国家治理体系和治理能力现代化。[③]

---

① 薛秀军、杨朝阳：《中国梦：中国现代化时空逻辑的重新勘设》，《学习与实践》2020 年第 6 期。

② 贾淑品：《基本实现社会主义现代化远景目标的基本遵循及路径选择》，《理论学刊》2021 年第 2 期。

③ 郭为桂：《中国特色社会主义制度成熟定型的逻辑进路——兼从党的十九届四中全会解读中国社会主义现代化模式》，《中共福建省委党校（福建行政学院）学报》2020 年第 1 期。

在阶段特征方面，研究认为中国式现代化历经“站起来、富起来、强起来”三个阶段，当前正处于第三个阶段。中国近现代史是从半殖民地半封建社会开始的，也是从人口多、底子薄、地区发展不平衡、生产力水平不发达的基本国情开始的，这就导致了中国现代化需要经历“站起来、富起来、强起来”的阶段性过程，才能渐进式实现。①随着中华人民共和国建立、社会主义制度不断完善、改革开放成效显著等，我国已逐步实现“站起来”“富起来”的阶段性目标。步入新时代，我国已开启全面建设社会主义现代化国家新征程，中国式现代化完成了从“站起来”“富起来”到“强起来”的历史蜕变，顺利步入第三个发展阶段。②

三、对现代化的几点认识

现代化是一个系统全面的提升过程。现代化的目标方向是多元的、系统性的，既包括经济的现代化、社会的现代化，又包括政治的现代化、文化的现代化、生态的现代化和人的现代化，是一个全面提升的过程。不同的现代化方向在现代化总体任务中的定位也有区别。例如，张占斌等人提出，经济发达是现代化的首要特征，文化繁荣是现代化的重要方面，社会和谐是现代化的应有之义，生态文明是现代化的重要内容，人的全面发展是现代化的重要追求。现代化目标的全面性要求在推进现代化过程中，必须坚持系统观念，对重点任务进行科学布局。其中，经济的现代化是其他领域现代化的基本支撑。只有形成现代化的经济体系，才能更好地顺应现代化的发展趋势和潮流，赢得国际竞争和未来发展的主动。③

现代化是不可逆转的世界潮流和历史进程。虽然不同领域和不同学者对现代化的理解不尽相同，但学者普遍认同，现代化是不可逆转的世界潮流，是大势所趋，推动世界各国从传统经济向现代经济、从传统社会向现代社会、从传统

① 刘红凛：《2035 远景目标：新的历史方位与新的时代使命》，《社会科学文摘》2021 年第 5 期。

② 张亚光、毕悦：《中国式现代化的百年探索与实践经验》，《管理世界》2023 年第 1 期。

③ 黄汉权：《把握经济体系现代化的内涵和要求》，《经济日报》2022 年 6 月 7 日。

政治向现代政治、从传统文明向现代文明的持续转变。从一定意义上说，第二次世界大战后的世界发展史，就是一部后进国（即后发国家）在实现现代化的过程中追赶先进国（即早发国家）的历史。[①]中国式现代化是在国家衰败、民族危难的状况下启动的，是当时中国人民改变落后局面、追求民富国强目标的必然选择。党的二十大报告深刻阐述了中国式现代化的中国特色和本质要求，是伴随着中华民族伟大复兴的历史进程一步步走来并全面深化发展的，是中华民族心之所向，是中国发展大势之所趋。

现代化不等同于“西方化”或“欧美化”。20世纪50—60年代，以美国学者为代表的理论界最早提出了现代化的概念，标志着现代化理论的诞生。不过，部分学者把现代化简单地理解为“西方化”或“欧美化”。例如，丹尼尔·勒纳认为，现代化是西欧和北美产生的制度和价值观念向世界其他地区的传播过程。20世纪70—80年代，以罗兹曼、布莱克[②]等人为代表对西方现代社会和西方中心论进行深刻反省，提出不同国家有不同的现代化道路。我国学者对于现代化的认识也是逐步深入的。经过百年的理论发展和实践探索，我国学者已经深刻认识到，中国式现代化必须立足于中国自身的国情。例如，钱乘旦指出，把某个国家的现代化道路视为标准的现代化道路经不起检验，世界上国家进行现代化失败的例子比比皆是，其根本原因大都是不顾本国国情而生搬硬套他国经验。当前，我们推进中国式现代化，要借鉴欧美国家的成功经验，但要避免单纯把现代化与“西方化”或“欧美化”划等号，要依据我国的国情和实际在实践中进行探索。

大国的现代化要以工业现代化为重要支撑。在经典现代化理论中，现代化被认为是从农业经济向工业经济、农业社会向工业社会、农业文明向工业文明转变的历史过程。学者罗荣渠提出，现代化实质上就是工业化，是经济落后国家实现工业化的进程。世界历程表明，一个经济大国要实现现代化，必须先实现工业现代化。对一个经济大国而言，如果所需工业产品不能自给，需要依赖他

① 王军：《百年追求——中共历代领导核心经济发展赶超思想研究》，吉林人民出版社，2011。

② 西里尔·E·布莱克：《比较现代化》，上海译文出版社，杨豫译，1996。

国，那么，国家无法为社会提供必要的技术支持、物质支撑和就业保障，更无法形成安全可靠的国防力量。同时，工业部门作为经济大国的核心部门，只有优先实现工业现代化，工业部门先进的技术和产品成果才能持续渗透到农业与服务业等其他领域，进而推动农业部门、服务业部门具有世界先进水平的技术和产品支撑，实现整个社会的现代化。党的二十大报告发出“从现在起，中国共产党的中心任务就是团结带领全国各族人民建成社会主义现代化强国、实现第二个百年奋斗目标，以中国式现代化全面推进中华民族伟大复兴”的伟大号召，工业现代化是中国式现代化在工业部门的具体体现，是实现中国式现代化的必要条件。

第二节　工业现代化的理论研究

国内外学者围绕工业现代化的概念内涵、衡量标准等方面进行了长期的探索，是我们理解并推进新时代工业现代化建设的重要支撑。

一、工业现代化的概念内涵

工业现代化是一个相对宏观的概念，国内外关于工业现代化的理论研究没有明确的时间起点，总体上是随着工业革命的出现、工业化的持续推进而出现的。

工业现代化是建立在当前先进科技基础之上、推动工业达到世界先进水平的动态过程。陈佳贵等人①指出，工业现代化一般是指在一国或地区的经济现代化过程中，在现代科学技术进步的推动下，新兴工业部门不断产生和增长，原有工业部门持续变革和发展，并由此导致工业结构变化和整体工业生产力水平的提高，最终达到世界先进水平的过程。韩毅②指出，工业现代化是指把工业建立在当代最新科学技术基础之上，使工业生产和技术达到世界先进水平。刘雷

① 陈佳贵、黄群慧：《工业现代化的标志、衡量指标及对中国工业的初步评价》，《中国社会科学》2003 年第 3 期。

② 韩毅：《论工业现代化的世界历史进程》，《中国社会科学院研究生院学报》2007 年第 1 期。

等人[①]指出，工业现代化是指工业部门或工业系统的现代化，既是一种状态，是现代工业的世界先进水平，又是一个过程，是达到和保持世界工业先进水平的过程。

工业现代化是技术创新、产业结构、组织方式、生产模式、治理水平等多角度协同推进的过程。工业现代化不是单一的生产制造环节，而是同时涵盖从技术创新到治理水平等方方面面，是多过程的统一。学者们对工业化相关概念的定义，就是一个典型的例子。从技术创新角度，张培刚借用熊彼特的创新理论揭示工业化的特征，将工业化定义为国民经济中一系列重要的生产函数连续发生由低级到高级的突破性变化的过程，是社会生产力的一场带有阶段性的变化。从产业结构角度，钱纳里等人提出，工业化是指制造业产值份额的增加过程，工业化水平用制造业在国民收入中的份额来衡量。从组织方式角度，帕提克认为，工业化是经济中各行业企业的生产组织，其特征是专业化和劳动分工。从生产模式角度，吕贝尔特认为，工业化就是以机器生产取代手工操作为起源的现代工业的发展过程，随着纺织的机械化，随着蒸汽机作为一项新的能源，随着从单件生产过渡到系列生产、再过渡到大规模生产，人类社会产生了巨大的变化，我们称之为工业化的变化。从治理水平角度，亚历山大·格申克龙指出，在工业化过程中相对范围内存在市场失灵，在刚开始，经济工业化的国家必须采取有效的措施来推进工业化，甚至替代市场。桑加亚·拉尔提出，成功的工业化是激励、能力和制度相互作用的结果。[②]

二、工业现代化的相关研究

国内外学者在结合各国工业发展历程和推进工业现代化实践经验中，开展了工业现代化的路径研究，可以作为新时代推进工业现代化建设的理论依据和参考。

达到世界先进水平是工业现代化的主要标志和特征。陈佳贵提出，从现有的

① 刘雷、何传启：《1700年以来世界工业现代化的历史与经验》，《理论与现代化》2016年第5期。

② 张建秋：《传统农区工业化视角中的企业家研究综述》，《河南大学学报（社会科学版）》2012年第3期。

工业现代化国家发展经验看，一个国家或地区是否实现工业现代化，存在三个方面的标志，即工业增长效率方面的标志、工业结构方面的标志和工业环境方面的标志。韩毅指出，工业现代化实现的标志是达到世界先进水平，而且世界先进水平又是在不断提高和不断变化着的。杨松林等人指出，工业现代化的主要表现形态是新型工业化，其主要特征包括：满足人民日益增长的美好生活需求，处于全球产业分工和价值链的中高端，建成自主可控、安全高效的制造业体系，科技创新成为引领发展的第一动力，智能制造成为主要生产模式。①

工业现代化没有一成不变的推进模式。从世界工业发展历史看，工业现代化的动力来源既有技术、市场等经济因素，又有制度、政策等非经济因素。早期英、美等国的工业现代化过程，是先由技术变革为初始动力、自下而上推进的；而德、日等国的工业现代化过程，则是由政府主导发起的。不过，美国的“再工业化”、日本的“中国+1”战略等现象表明，当前各国政府对推进工业现代化的作用已经越来越明显。

工业现代化的评价标准要进行动态调整。工业化总体上以工业部门在国民经济中的比重为衡量标准，有相对明确的边界。而科技创新是不断向前的，工业现代化的支撑技术在不断更新，对工业现代化进程的评价也要随之调整，要根据技术条件、外部环境等因素持续更新。工业现代化推进阶段的衡量要从多个维度综合开展。陈佳贵等人②指出，从具体工业行业角度来看，衡量工业现代化水平的指标体系分为三大方面，即效率、结构和环保，具体细化到七类指标，分别是行业效率、技术的先进性、国际化水平、产业组织合理化水平、信息化水平、企业管理科学化水平和可持续发展水平。黄群慧③指出，衡量工业现代化水平的一个最为直接也是最符合逻辑的办法，是将工业划分为现代工业部门和非现代工业部门（或传统工业部门），计算现代工业部门的产值占整体工业产值的比重；衡量一国或地区现代化水平的另一个思路是，以世界上工业先进国家

---

① 杨松林、房正国：《“十四五”时期江苏工业现代化建设路径分析》，《现代管理科学》2021 年第 7 期。

② 陈佳贵、黄群慧：《我国实现工业现代化了吗—对 15 个重点工业行业现代化水平的分析与评价》，《中国工业经济》2009 年第 4 期。

③ 黄群慧：《中国工业现代化水平的基本测评》，《中国工业经济》2004 年第 9 期。

（即先发国家）的工业发展状况为参照，制定相应评价指标和工业现代化实现的标准，分析比较作为研究对象的国家或地区的工业发展水平达到标准数值的程度，从而判断一个国家或地区的工业现代化水平。

工业现代化是新型工业化的实现标志。从党的十六大开始，我国开启了新型工业化建设。党的二十大报告进一步提出，“建设现代化产业体系。坚持把发展经济的着力点放在实体经济上，推进新型工业化，加快建设制造强国、质量强国、航天强国、交通强国、网络强国、数字中国。”由传统工业化向新型工业化的转变，是我国工业化在解决了“有没有”的问题，实现了工业体量由小到大的转变后，继而解决我国工业“好不好”问题，是当前阶段我国工业发展道路的战略选择。社会主义现代化强国建设必须依托现代化的物质供给、现代化的设备保障、现代化的军工设备、现代化的人才队伍、现代化的创新体系等，这些都依赖于现代化工业体系的支撑。因此，在高质量发展的总体要求下，推进工业现代化是加快新型工业化进程、支撑社会主义现代化强国建设的必然选择，要求我们坚定不移推进工业现代化，加快工业发展效益变革、质量变革和动力变革，切实维护我国国民经济和综合国力的实体根基，为社会主义现代化建设奠定强大的产业基础。

通过梳理现有研究成果发现，丰富的理论和方法体系为持续开展工业现代化奠定了较好的基础，但也存在以下薄弱环节。一是对于工业现代化的研究系统性仍不强，缺少从概念、理论到实践的全局性、综合性研究。二是已有研究多具有时代局限特征，新时代对工业现代化的新要求没有及时进行研究。三是对于工业现代化与工业化、新型工业化等相关概念之间的关系研究不足，部分研究在概念、内涵存在混用情况。

三、对工业现代化的几点认识

工业现代化是在当前先进科学技术的推动下，工业的技术创新、产业结构、组织方式、生产模式、治理水平等显著提升的过程，最终体现为生产力整体水平的提高。工业现代化普遍存在以下特征。

一是自主性。美国、德国、日本等国家工业现代化的成功经验，以及拉美国家工业现代化的失败教训，都清晰地告诉我们，各国只有根据自己的特殊环境和条件，选择适合自己的工业现代化道路和模式，才能以最快的速度和最合适的方式实现工业现代化。习近平总书记指出，世界上既不存在定于一尊的现代化模式，也不存在放之四海而皆准的现代化标准。新时代我们推进工业现代化，不能照搬其他国家的发展路径与模式，必须要从我国工业的发展实际出发，走出一条特色化的工业现代化之路。

二是时代性。在不同的历史时期，技术条件、生产方式、国际政治经济环境都带有鲜明的时代烙印，工业现代化的主要内容、内涵模式也有着显著的区别，衡量标准也要随之改变。最早的工业现代化是用机器生产替代了手工业劳动和手工技术，代表了当时先进的工业水平。而当前推进工业现代化，就是要把握新一轮科技革命和产业变革的前沿方向，加快新技术、新模式的应用，为工业现代化注入新的内容。

三是世界性。工业现代化并不是一国或某个民族开展的急促而短暂的变化，而是世界性的工业发展变革。当前，技术和产业的发展模式及发展速度已经发生翻天覆地的变化，面对庞大繁杂的工业体系，单一国家难以通过一己之力实现全部产品的自给自足，更无法实现在工业全链条领域保证技术和管理水平的世界领先。闭门造车实现不了工业现代化，我们必须充分融入世界发展大局，加入全球的分工体系。

四是协调性。工业现代化过程中，工业发展的“硬”实力要和工业文化的“软”实力相协调。各国经验表明，精神文明对工业现代化进程和产业变革具有基础性、长期性、关键性的影响。新时代推进工业现代化不仅要求技术进步与产出扩大，而且要求工业文化“更进一层楼”，要推动中国工业精神的传播和传承，讲好中国工业故事，让更高水平精神文明建设为物质文明建设提供精神动力和思想指引。

第三节　新时代推进工业现代化的重大意义

进入新时代，推进工业现代化以支撑社会主义现代化强国建设为目标，以满足人民日益增长美好生活需要为根本目的，对保障国家安全、促进国内国际双循环、推动高质量发展具有重要意义。

一、推进工业现代化是加快新型工业化进程、支撑社会主义现代化强国建设的必然选择

中国能够实现第一个百年奋斗目标，工业现代化水平的提升在其中发挥了重要的作用。经过建党百年的不懈奋斗，我国工业实力不断提高，从一辆汽车、一架飞机、一辆坦克、一辆拖拉机都不能造，到“复兴号”高速动车组跑遍神州大地、万米深潜次数和人数居世界首位，从嫦娥探月、北斗组网再到百万千瓦水电机组投入运行，引领我国工业的科技化和现代化水平不断攀上新高度。我国工业产出规模迅速扩张，从建国初期以农业为主的生产结构，到 2021 年高达 37.3 万亿元的工业增加值，带动我国经济始终行驶在“快车道”。

推进新时代工业现代化是加快新型工业化进程、支撑社会主义现代化强国建设的基础和前提。工业兴则国兴、工业强则国强，现代化强国必须有现代化的工业为基础。立足新发展阶段，贯彻新发展理念，构建新发展格局，积极推进工业现代化，不仅有助于加快我国新型工业化进程，充分发挥工业在国家发展全局中的引领和支撑作用，而且将切实维护我国国民经济和综合国力的实体根基，为社会主义现代化建设奠定强大的物质基础。

二、推进工业现代化是提高制造业供给质量、满足人民日益增长的美好生活需要的有效途径

满足人民日益增长的美好生活需要，始终是中国共产党人的不懈追求，必须以高质量、高水平的工业为支撑。工业不仅保障了人民“衣食住行”等方面

的基本要求，而且能通过制造各式各样、承载最新科技成果的产品，更好地满足人民不断升级的消费需求。2020—2022 年，在新冠疫情冲击下，正是由于我国完备的工业体系快速响应，短时间内生产了大量的、多品种的疫苗、新冠测试产品，保障了人民生命健康。也正是基于我国信息化与工业化的叠加优势，使线上消费、线上教育、线上办公等成为可能，确保了国民经济的平稳有序运行。推进新时代工业现代化，不仅要求工业要持续地满足人民生活所需，而且要在“有没有”的基础上解决“好不好”的问题，更好地满足人民需求。经过建党百年的奋斗，我国工业生产能力得到大幅提升，基本解决了“有没有”的问题，能够满足人民对物质生活的要求。但人民日益增长的美好生活需要更多强调的是“好不好”的问题，突出体现了我国供给体系质量不高、工业发展不能适应新阶段需求等。尤其是近年来，高端芯片、高档数控机床、操作系统和工业软件、基础材料、先进科学仪器等一批关键共性技术难题凸显，国内一度出现抢购德国金属厨卫制品、欧日韩高端化妆品、日本电饭煲和智能马桶盖、欧美奢侈品等热潮，我国工业品的科技含量、质量品牌与发达国家水平还有一定差距，工业整体仍处于全球价值链中低端，不能满足人民对更高品质生活的需要。推进新时代工业现代化，要以科技创新为驱动，以市场需求为导向，是提高我国供给体系质量、更好满足人民日益增长的美好生活需要的务实举措，也是破解我国社会主要矛盾的重要着力点。

三、推进工业现代化是构建现代化经济体系、实现经济高质量发展的迫切需要

我国经济转向高质量发展阶段，建设现代化经济体系是实现经济高质量发展的题中要义。推动经济高质量发展，是我国立足主要矛盾变化、遵循经济发展规律、统筹“两个大局”作出的重大战略转变，是实现全面且系统的现代化发展的动态、复杂过程。只有一体建设、一体推进基于中国国情、具有中国特色的现代化经济体系，才能为经济高质量发展提供系统保障、综合支撑和有机生态。

面对我国建设现代化经济体系、实现经济高质量发展的一系列突出矛盾，

工业现代化是破局的关键。当前，我国经济高质量发展面临一系列问题。一是科技和产业“两张皮”，创新资源配置重复、分散、封闭、低效，产业关键共性技术供给体系存在结构性缺陷，科技成果转化率比较低。二是各类要素资源“脱实向虚”，金融、互联网等高收入行业形成对工业就业的“挤出效应”。三是工业发展区域失衡，上海、北京等已经步入“后工业化”阶段，其他大部分东部省份处于工业化后期，而大部分中西部省份基本还处于工业化中期。[①]四是工业发展与资源环境承载力失衡，部分产业仍然处于粗放式发展模式。

新时代工业现代化的一个突出特征，就是要坚持系统观念，从国家发展大局出发推动工业发展，并以工业发展为牵引推动国民经济各领域发展。可以说，抓住了工业现代化，便抓住了建设现代化经济体系、推动经济高质量发展的“牛鼻子”。

四、推进工业现代化是支撑国防和军队现代化、维护国家安全的根本保障

工业现代化是我国国防和军队现代化建设的根本前提。1949 年以来，由于我国工业现代化水平的不断提升，涌现出“两弹一星”、核潜艇、“空警-2000”、歼-20、运-20、055 大型驱逐舰、国产航空母舰、东风-17 等优秀成果，使得我国国防和军队现代化建设稳步推进，为我国维持了较为和平的国际发展环境。工业尤其是军事工业的现代化，是推动国防和军队现代化、维护国家安全的重要力量，能够为国家安全提供更加有效的战略威慑力量，为军队“能打仗、打胜仗”提供更加坚实的装备技术支撑，为经济社会发展提供更加强劲的辐射效应。

要发展更为稳固的国防军事工业，还需进一步推进工业现代化。我们需清醒地看到，随着大国竞争和博弈明显加剧，全球治理体系和发展道路模式之争日趋激烈，中华民族伟大复兴绝非敲锣打鼓、轻轻松松就能实现的，而是要在紧守国家安全的前提下，做好国防和军队建设，直面敌对势力和各种风险挑战。推进国防军事工业发展，需要进一步提升自主创新能力，增强核心竞争力，持续推进科技进步，将人工智能、量子通信、大数据、云计算等前沿科技加速应

① 黄群慧，《以高质量工业化进程促进现代化经济体系建设》，《行政管理改革》2018 年第 1 期。

用于军事领域，满足“信息主导、体系支撑、精兵作战、联合制胜”的国防工业新需求。

五、推进工业现代化是把握百年未有之大变局的历史机遇、加快向全球价值链高端跃升的战略选择

百年未有之大变局为我国产业迈向价值链中高端创造了条件。当今世界面临百年未有之大变局，世界格局呈现“东升西降”“中升西降”态势，中国日益走向世界舞台中央。国际多边体系进入瓦解和重构期，中国在推动全球治理体系向着公正合理方向的变革过程中发挥着更加重要的作用。以新一代信息技术、生命科技、新材料、新能源、先进制造技术等为代表的新一轮科技革命和产业变革深入推进，数据成为新生产要素，深刻改变了工业的产业形态、生产方式、组织模式和生产效率。不可忽视的是，我国面临复杂严峻的大国博弈、北约东扩等风险挑战，但总体上，机遇大于挑战，我国发展仍然处于重要的战略机遇期，只有充分把握机遇，我国工业才能在百年未有之大变局中稳步前行，朝着价值链中高端迈进。

推进工业现代化是把握百年未有之大变局的历史机遇、推动产业迈向价值链中高端的关键。工业是现代化生产力、科技水平、知识文明的高度结晶，是大国竞争和国家核心竞争力的关键。历史充分证明，每一次大变革、大动荡时期，都是后发国家实现赶超发展的良机。如果我国能够抓住本次机遇，就能很快缩小和世界制造强国的差距，并在部分领域形成先发优势；如果错失这次机遇，则可能需要花费更大的代价进行赶超。推进工业现代化，就是要紧抓百年未有之大变局的历史机遇，促进创新链、产业链、政策链、人才链、资金链等深度耦合，推动工业向高端化、智能化、绿色化转型，提升中国工业的科技含量、价值水平、行业地位，推动我国产业迈向全球价值链中高端。

第二章 | Chapter 2

发达国家推进工业现代化的经验总结

全球过往的工业现代化体现了阶梯式、螺旋式上升的过程，通过工业与经济社会的相互影响、相互促进，实现现代化水平的整体提升。回顾英国、美国、德国、日本等已经完成工业化的国家经验可以发现，工业现代化的演进发展与过往产业科技革命高度相关，18 世纪 60 年代开始的机械化革命、19 世纪 70 年代开始的电气化革命和 20 世纪后半程开始的信息化革命都从根本上推动了工业的系统性变革，在将当时最为先进的科学技术应用于工业生产的过程中，通过对劳动者、生产资料和劳动对象的渗透影响，提高各个部门和行业的生产率，从而推动经济增长，并形成推动国内生产总值重要来源的新的生产部门和产业。

第一节　英国的工业现代化模式

英国是全世界率先发生工业化革命的国家。其典型特征就是在没有借助外力推动的情况下，纯粹由市场自发推动演进，成为“内生型”工业现代化模式的代表。英国采取轻工业优先发展战略，通过先进生产技术的驱动和引领，再通过工业联系促进国民经济其他领域的进步。同时注重运用贸易政策手段及不断完善社会制度，为工业现代化发展保驾护航。

一、圈地运动和殖民掠夺对工业化的初始推动

英国的工业化进程开始于 17 世纪，彼时整个世界的技术水平都较为低下，主要技术是手工技术，机器技术还十分粗糙。英国最终在一系列国内外事件的推动下，第一个走上了当时工业现代化的道路。

英国是世界上第一个发生资产阶级革命的国家，17 世纪，英国推翻了封建专制制度，消除了封建时期地主对国王的义务，在多方推动大力改革的努力下，废除了骑士领地制和限制圈地的相关律法，为英国内部发展资本主义经济体制扫清了制度障碍。在 18 世纪至 19 世纪，英国的农业发生天翻地覆的变化，把原来带有封建残余的土地变成了近代意义的资本主义财产，极大地推动了英国农业发展。圈地运动被称作是一场英国的土地革命，由议会通过立法的形式使

圈地完全合法化。根据资料显示，在1760年以后，英国议会利用圈地法案占有土地超过700万英亩（约合2.8万平方千米），占国土总面积的比例达到20%左右。圈地运动使大批农民失去土地，积累了一支数量庞大的廉价劳动力大军，为随后诞生的工业革命积累了充足的劳动力基础。与此同时，强制性的集中土地也导致资本主义农场迅速发展，不仅提高了农业剩余水平，而且为工业发展提供了粮食和工业原料。农场的发展进一步扩大了对工业品的需求，并促使失去土地的农场主开始依赖市场，从而推动国内市场的扩张，为英国的工业现代化发展积累了充足的有利条件。

殖民扩张掠夺为英国内部工业现代化的发展提供了外部支持。从16世纪末到18世纪中叶，随着资本主义的发展，英国通过一系列对外战争，进行了规模日益扩大的殖民扩张与掠夺，为资本提供了原始积累。一系列战事接连击溃海上和殖民掠夺的三大竞争国家（西班牙、荷兰和法国），成就了英国当时的“海上霸主”地位。1689—1763年，特别要提到的是，英国和法国之间又开展了四次争夺殖民地的战争，史称百年英法战争。四次战役全部以英国的胜利而告终，极大地增加了英国殖民地的数量，使英国不仅获得了加拿大和密西西比河以东的全部领土，而且将多巴哥、多米尼加和格林纳达地区纳入自己的殖民体系。在印度，英国还对法国的势力进行挤压，夺取了对印度实际的支配权。殖民扩张作为原始积累的主要手段，为英国工业革命提供了必要的基础。

二、贸易政策调整为工业现代化提供支持

1760年蒸汽机的发明，正式拉开了英国产业革命的序幕。在当时先进技术水平的支撑下，劳动生产率不断提高，英国随即开始以纺织业为先导，通过采矿业和冶金业与其并行发展，继而促进了其他部门的发展和壮大，使得工业化又继续扩散到各工业生产部门和交通运输业，从而自然地推动其向着工业现代化道路顺利迈进。

英国资本主义发展之初，采用重商主义的思想，通过保护关税等制度性手段，推动了国内工商业的发展壮大。保护关税制度的本质是企图通过政治力量

干预外国与本国间正常的经贸往来，旨在庇护国内市场、培植对外贸易的比较优势。从 17 世纪初期，保护关税制度促使英国的生产资料快速资本化、现代生产方式取代落后生产方式，为代表资产阶级利益的民族工业大发展提供有效的竞争壁垒，赢得产业发展的宝贵时间。马克思曾说："保护关税制度是制造工厂主、剥夺独立劳动者、使国民的生产资料和生活资料变成资本、强行缩短从旧生产方式向现代生产方式过渡的一种人为手段。"现代工业体系在很大程度上就是依赖保护关税制度得以在英国诞生和发展的。

保护关税制度推动了国内生产力的提升，从而催生了愈加高涨的对外出口需求，由此也使英国开始了早期自由贸易政策的探索。当时，使用进口原料加工的商品因征收原料税而涨价，劳工成本也因征收食品税而涨价，保护关税制度导致商品的生产成本增加，与国外竞争对手相比，英国工厂主的处境开始变得恶劣起来。因此，英国工厂主已经不再需要实行保护关税制度，反之，企业生存亟须依赖出口的扩张。经过长期激烈的斗争，英国的工业资本家取得了胜利，最终在 1846 年开启了自由贸易政策时期，其中，以《谷物法》的废除为标志，极大地促进了全球工业产品的供给，加速了英国工业在竞争优势下的现代化进程。

三、制度环境建设为工业现代化保驾护航

历史上，对人类社会发展产生极大促进作用的两次工业革命，之所以都出现在英国，很重要的原因就在于英国是世界上知识产权保护最早的国家。早在 1623 年，英国政府就颁布了《垄断法案》，标志着在当时现代专利制度的正式确立。在此后的 100 多年间，随着公开发布的技术知识与日俱增，慢慢发展成了一个庞大的公共知识库，再加上专利制度的排他性保护，为最终英国爆发工业革命构筑了牢固的知识基础。此后，又相继诞生了一系列代表性发明，如飞梭（1733 年）、珍妮纺纱机（1764 年）、瓦特改良蒸汽机（1785 年）等，最终推动了英国工业革命的兴起。以瓦特改良蒸汽机为例，瓦特在纽可门式蒸汽机的基础上不断试验，逐步改进了蒸汽机的运行效率。由于手握蒸汽机的专利权，瓦

特最终得到了巴洛克、博尔顿等企业家的“风险投资”，从而进一步推动了蒸汽机技术的市场化进程。

英国始终重视工业化的制度环境建设。工业化初期，生产效率的提高虽然积累了大量财富，但同时也衍生出贫富差距过大、劳动条件简陋、雇用压榨童工、公共卫生环境堪忧等社会弊端，长此以往，会造成不利于产业发展壮大的社会性风险。为此，英国坚持致力于完善、改进立法与社会制度，为工业现代化持续发展保驾护航。以《工厂法》为例，国会于 1802 年通过了“卫生伦理立法”，旨在缩短工时，改善纺织行业的工作状况，并针对工时、童工教育、惩罚措施等问题作出明确规定，拉开了立法保护与工厂监察制度的序幕。随后，1834 年，英国国会出台了《济贫法修正案》，以解决阶层贫富差距扩大问题。1848 年，英国国会又通过了旨在解决环境问题的《公共卫生法案》，此后一系列的社会法治建设，为维护政权稳定、预防失业危机、保护工人权利、推进工业现代化发展起到了重要促进作用。

第二节 美国的工业现代化模式

美国“革新型”的工业现代化模式是世界经济发展史上成功的典型模式。美国建国后，主要通过土地扩张和迁入大量国外移民获得工业化发展所需的自然资源与人力资源，通过技术进步和生产管理模式的创新加速工业化进程，构建其持续保持领先的根本性优势。

一、通过土地扩张和外国移民积累工业化条件

美国成立时间较短，最早是由英属北美殖民地发展起来的。1607—1733 年，英国先后建立了 13 个北美殖民地，并形成了三种截然不同的经济类型，即北部地区、中部地区和南部地区。北部地区大部分人主要从事手工劳作，从而造就了较为发达的工商业；中部地区由于地势较为平缓、土地相对肥沃，推动了农业的快速发展，尤其是畜牧业发展较好；而南部地区则主要由贵族地主、富商

组织经营，主要以奴隶制的种植园经济为主。1789 年，美国在独立后也开启了大规模的侵略扩张之路。例如，美国政府强迫印第安人签订条约把现在的俄亥俄州、印第安纳州、伊利诺伊州等土地割让给美国，之后又使用暴力手段驱逐印第安人，使他们搬迁到密西西比河以西地区。此外，美国还通过强制购买和引发战争的方式，夺取了英国、西班牙、法国等在北美的殖民地及墨西哥境内的大量领土。1789—1900 年，美国利用各种战争、外交谈判和金钱购买等强势手段，使其领土面积从 230 万平方千米扩张到 930 万平方千米，区域从大西洋沿岸向西一直扩展至太平洋沿岸。美国的经济版图随着地域版图的扩张而迅速扩张，并在国内形成了一个广阔的市场。同时，广袤的土地除提供了丰富的自然资源，也为西部提供了发展的空间，为美国开启工业现代化提供了重要的基础条件。

人力资本的积累也是美国工业现代化发展的一个重要原因。美国是典型的移民国家，早期的北美移民大部分源自英格兰。尤其进入 18 世纪，移民数量飞速增长，使得北美地区的殖民地经济得以快速发展。具体来看，从 1783 年美国独立战争取得胜利后，西部地区的开发使得众多移民蜂拥进入。19 世纪 30 年代，随着国家基础交通运输情况的极大改善，加之政府逐步放松对土地的限制，大量移民从欧洲远赴美国，继而引发了新一波移民浪潮。18 世纪至 19 世纪，美国政府采取了极为开放的移民政策，在这一时期的美国移民有两大特征：一方面是移民结构兼顾技术和体力劳动者，特别是文化素养较高的英、德移民具备成为产业工人的基础条件；另一方面，移民多为男性青壮年，并开始主动向西部城市地区聚集以获取土地，这为美国全域工业化积累了人力资源条件。

二、新技术的创新应用加快美国工业现代化进程

蒸汽机的应用带来了美国第一次产业上的大发展。1812 年，美国经济在第二次独立战争后，真正意义上摆脱了英国的控制，使得工业得以迅猛发展。生产装备的进步推动了效率提高和产量增加，极大地促进了美国工业对消费市场和原材料需求的增长，由此对美国的交通运输业提出了变革要求，而原有公路

和运河运输的局限恰恰又被蒸汽机车和铁轨的应用所打破，使美国的改革式发展顺理成章。1850 年，美国境内铁路的全程长度就已经达到 9021 英里（约合 14518km），在当时一举超过英国跃居全球首位。仅 10 年时间，到 1860 年，美国境内铁路全程长度已经增长到 30626 英里（约合 49288km），相当于当时全球所有其他地区铁路长度的总和。交通运输业的发展和工厂体系孕育的生产优势带动了冶铁和机器制造业的发展。此时，美国北部的机器制造业已经初具雏形，作为一个独立的、相对完整的工业部门，标志着北部地区的工业革命已经基本完成。

美国加速实现国家工业化重要推力是电力的发明和广泛应用。19 世纪 70 年代，当时美国的第一次工业革命尚未在全国完成，而全球一些国家已经开始进入第二次工业革命。两次工业革命相互交织，推动美国在 19 世纪末期确立了工业在国民经济中的支柱地位，在实现国家工业化的同时，美国还一举超过英国，成为当时世界工业现代化的领头羊。科学技术的进步促使美国橡胶工业、石油工业和电力工业等新兴工业部门的兴起，这些产业的兴起又推动了电话、电报、电灯等一系列电气工业的发展，工业上现代化技术的应用逐渐普及到整个国民经济部门。不断创新的科学输变电技术，改变了整个动力系统，大大缩短了车载电报和电话在空间上的使用距离。食品加工业、纺织业等轻工业，钢铁工业、汽车与机车制造业在新的科学技术应用的促进下实现迅猛发展。20 世纪 90 年代，在以电子信息技术为标志的美国新经济助力下，美国至今仍在引领着世界工业现代化的潮流。

三、标准化和大规模生产改变美国工业的发展方式

标准化生产、流水线生产和大规模生产是生产方法的重大创新，也是世界工业史上重要的革命性事件，美国在科学技术上的创新推动了生产方法和组织管理的革新。传统手工业方法生产单一产品时需要一定的技术水平，但美国大部分的劳动人口由外来人口组成，因此在生产模式上只能进行创新。标准化生产为美国奠定了领先世界的基础。这不得不提到惠特尼与美国政府于 1798 年签

订的一份合同。合同要求在两年内要完成制造一万支滑膛炮，若仅靠手工制作，在这么短的时间内肯定难以完成。因此，惠特尼研究了可以互换的部件系统，将滑膛炮分解成 10 个部件和工序，然后将所有部件在最后一道工序组装，这种方法使整个火炮的生产过程压缩到只需要几分钟的时间，极大地提升了生产效率。而其中，要求产品的每一个部件都要做得非常精密，在每一门滑膛炮之间可以做到互换相同的部件，这就是标准化生产。标准化生产使大规模生产再次成为可能并很快得到应用，产品批量生产的发展使其能够在较短的时间内赶超世界水平，对美国特色的“现代大工业”起到了极大的推动作用。

大企业为标准化生产推广提供空间。在 19 世纪 80 年代到 20 世纪初期约 30 年的时间里，美国出现了许多资本密集的大企业。上述铁路、轮船、电话和电缆系统的改进使得交易成本降低，从而为资本密集的大企业的产生和发展提供了条件和基础。这些大企业的产生和形成过程又演变成一部企业的兼并史，通过不断地兼并，在 19 世纪后期到 20 世纪初期，促使美国诞生了一众超级垄断型企业，如美孚石油公司、通用电气公司、西屋电气公司、贝尔公司、美国电话电报公司等一大批超级垄断型企业。这些企业既是行业垄断企业，也是集资本、技术、生产、销售等于一体的“巨无霸”型企业，它们往往既垄断国内市场，又在国际市场上占有重要的地位。这些企业具有一般中小企业所不具备的降低成本的显著优势，同时，大大集中了各类人才、扩展了物质流和信息流、推动了技术的进步和创新、积累了企业的发展资金等。这种大型企业为企业的标准化生产提供了生存的空间和发展的可能。

第三节　德国的工业现代化模式

德国是典型的工业化后发国家，政府主导型的发展模式使其在短期实现了工业现代化。政府通过对科研的大力支持和对国家科研大权的直接控制，推动科研为国家建设服务；再通过科研与生产紧密结合，以生产促进科研；同时积极创办技术院校，大力培养实用型人才，为德国工业现代化发展持续输送大量的高素质劳动力，保证其工业现代化快速发展并持续保持领先优势。

一、引进英美先进技术，加速工业现代化

德国资本主义工业的崛起要晚于英国资本主义工业的崛起约半个多世纪。由于长期受封建割据和农奴制的统治，工业工人仅占全国人口总数的 2.98%，直到十九世纪三四十年代，德国还是农业国。1848 年，资产阶级大革命后，以机器为主要生产工具的大工业逐步兴起，德国的产业革命也逐渐迈向高潮。德国是工业化后发国家的典型代表，德国工业化起步虽晚但却在短时间完成对老牌工业强国的超越。较早进行工业化的国家（如法国、英国等）在德国工业化之初技术水平已相当成熟，积累起来的产业资本开始积极开拓海外市场，这为德国提供了技术基础和资本基础。德国资本主义生产关系建立后，随即开始大力引进英、法、美等国的先进技术和设备，使其工业革命一开始就建立在能够直接获得规模经济效益的基础上，大规模的投入和产出使德国资本主义生产关系逐步建立起来。

大规模工厂化生产不仅使德国纺织业获得巨大发展，而且使工厂体系占据绝对优势地位，更显著的是促使工业结构发生根本性的变化，采矿、冶金和机器制造业实现了整体升级。数据显示，德国的煤炭产量由 1850 年的 670 万吨增至 1870 年的 3400 万吨，生铁产量由 21 万吨增至 139 万吨；机器制造厂从 1846 年的 130 家发展到 1861 年的 300 家，工人数量达到 9.8 万人，当时的德国已经基本建立了本国的机器制造业。与此同时，德国特别重视发展新兴的工业部门，如电气和化学等，军工行业也在迅速壮大，并在全球范围内进一步确立优势地位。19 世纪 70 年代后，德国大部分的出口产品是工业品，进口产品仅是粮食和原料，这表明德国已经基本成为工业国家。

1871 年，政治上的统一成为德国工业发展史上的关键性事件，为其经济转型和产业升级铺平了道路。19 世纪 70 年代末期至 80 年代初期，德国不仅完成了工业革命的后续任务，而且为其在 19 世纪末期、20 世纪初期的科技革命中获得领先地位定了坚实基础。在此期间，德国的工业生产以超越英法的年均增速，

仅次于美国的增长速度，特别是重工业的发展十分迅猛。德国的煤炭产量在 1870—1890 年间增长了 2 倍多，铣铁（即生铁）产量增长了 6 倍多，超过英法两国，仅排在美国之后。内燃发动机的出现带动了德国刚刚开始发展的机器制造业，之后鲁道夫·狄塞尔在 1892 年发明了柴油机，这些重要发明在德国经济的各个部门和国防部门得到广泛应用，促进了汽车、石油等产业的兴起，同时电气等新兴工业部门也开始大量涌现，到 1913 年左右，德国就已经基本实现工业化。

二、以政府为主导的发展模式发挥关键作用

以政府主导的工业现代化发展模式成为德国短期实现追赶超越的关键。英国、法国、美国等国的工业化路径，都是从纺织业起步，与老百姓的日常生活息息相关，经历轻工业的发展，然后再扩散到重工业、现代制造业等。与之不同，作为后发国家，德国选择了政府主导的赶超式工业化道路，基于政治、经济及历史因素，将发展铁路作为工业早期阶段的主导产业。随着铁路战略地位的提升，政府在其中的主导地位不断增强，从 20 世纪 30 年代开始修建铁路，到后来的铁路国有化，政府通过各种方式控制铁路的建设。以普鲁士政府为例，政府通过提供贷款或担保铁路债券的最低股息来建立对铁路的控制。德国统一后，1873 年成立了帝国铁路管理局，在国家出资购买私人铁路的同时，对铁路的建设和运营进行统一管理和协调，逐步实现铁路国有化。德国政府强力介入铁路沿线的土地价格，使铁路建设费用大幅降低。与英国、比利时等国的铁路造价相比，当时德国铁路每英里（约合 1.6km）的造价分别相当于英国每英里铁路造价的 1/3 和比利时铁路每英里造价的 2/3。

20 世纪开始，德国的军事工业在政府的主导下不断壮大。1914 年，德国对工业生产进行了管制和干涉，大量的资本和劳动力都转移到军事工业部门，军工产业的生产能力上升了，而民用消费品工业的生产能力却显著下降。军事工业的发展极大地带动了钢铁产业的扩容。德国开始投入大量的资金和人力用于钢铁加工、新材料的开发和钢铁应用途径的开发，以保持德国钢铁工业在世界市场上的竞争力，钢铁工业的发展又进一步支持了汽车、机械制造等部门的进

步，使得德国直到今天仍稳居世界制造大国的行列。

三、重视科技创新和劳动力教育，保证工业水平持续领先

德国赶超英国、法国的有力保障是科研，最大限度地撬动科技对人类社会的杠杆作用。德国统一后不久，德国政府就掌握了科研主导权，从中央到地方层层建立高效的科研体系。德国当时有大量高规格的科研机构在政府的支持下诞生。除了原本拥有的柏林科学院，国立物理研究所、国立化工研究所、机械研究所等也在19世纪后期陆续成立。对于工业生产中亟待解决的科技难题，政府也倾力帮助。例如，普法战争后，当时的贝塞炼钢法无法熔炼洛林的磷铁矿，政府为了提高冶炼技术，委派学者到英国、法国、比利时等国考察学习，集中力量开展技术攻关。当英国人发明了托马斯转炉炼钢新技术后，政府马上帮助引进，很快就把质量极差的磷铁矿变成了工业财富。德国政府既重视理论上的技术研究，又重视实践中的技术运用，并形成了“以科研指导生产，以生产促进科研”的机制，将国内的科研机构、大学研究所、企业研发中心等与生产紧密相连，从而实现了将科研应用于工业发展。德国政府也极为重视发展教育事业，双轨制职业教育体制为全社会培养了各种层次人才，也为工业现代化发展持续输送大量的高素质劳动力。德国政府早在19世纪初期就开始发展职业教育，培养中等技术和各类专门人才，以适应工业发展的需要。到19世纪中叶，原先以小学教育为基础设置的补习学校，逐渐转变为技工学校、专科学校。到19世纪后期，德国各个地区已经遍布各种职业学校。同时法律还规定，未满18周岁的在职职工有义务进入补习学校接受教育，由此产生和发展的各类补习学校和职业学校类别繁多。职业教育的大发展，以及大量科技院校的建立，在为德国培养大批工程师和科学家的同时，也将大量高素质的劳动力源源不断地输送到工业现代化的发展中，为其产业的大发展和整个民族经济的大发展提供极大助力。

第四节　日本的工业现代化模式

日本是亚洲最早实现现代化的国家，其工业现代化的历程经历了从起飞到萧条，再到起飞的曲折轨迹，尽管日本的工业现代化进程起步不如其他国家早，但其发展速度却远超其他先驱者。

一、“西学日用”助力日本加速工业化进程

日本自 1868 年明治维新运动以来，推翻了德川幕府的封建统治，开始了为国内资本主义的发展奠定基础的以全面西化为主要形式的改革运动，明治政府对工业的重视也为日本的工业发展积累了充分的准备，随即日本工业开始了现代化的进程。日本引进当时最先进的技术设备和工业化的经营管理思想、组织形式和各种制度安排。大量技术设备的引进为工业化提供了良好的平台，但却使日本的机器制造业发展落后。由于国内工业基础相对薄弱，尤其是军工占主导地位的重工业，薄弱的基础和畸形的产业结构使得日本在相当长的时间内都将重工业作为其工业化的目标选择。1938—1945 年，日本重化学工业占工业生产的比重从 1937 年的 55.8%极速上升到 1942 年的 70.2%，到 1944 年又进一步上升到 79.0%。

二、政府在日本工业现代化中的作用显著

纵观日本工业化进程发现，重化学工业在皇权基础上、在政府统一领导下，以机械工业为代表的支柱产业得到空前发展，重化学工业在轻工业仍处于高速发展时期时，就已经开始加速发展，并逐步完成了其主导产业从轻工业向重化工业的转变。以 1956 年颁布的《机械工业振兴法》为例，为了尽快建立国内机械工业，摆脱工业技术落后、装备老化等问题，日本通产省提出政府有权要求机械工业企业制定和实行合理化计划，须按政府要求采取共同行动，执行政府制定的企业技术标准，同时规定政府也有义务在资金方面帮助该法确定的相关

企业。《机械工业振兴法》施行期间，日本机械工业生产实际增长 360%，年均增速近 30%。实施过程中，通产省主要采取整合企业的生产品种、规定企业生产的经济批量、划分企业生产范围及组织整机企业集中订货等方式，扶持专业化生产企业的建立和成长。同时，政府投入部分采用出资购买分配设备的方式扶持企业发展。这些举措不仅有效改善了工业技术落后、装备老化的状况，而且围绕主导产品，大、中、小企业之间通过专业化分工，形成了系列化的协同体系，为日本机械工业后续的领先地位打下了坚实的基础。日本在工业化过程中，企业"卡特尔"化（垄断经营）成为工业化的主要趋势和选择形式，带动了产业规模经济的实现和国际竞争力的提高。同时，日本在推动工业化方面，也极为重视科教水平的提高。

三、积极促进和扶持中小企业发展，为工业化积蓄动能

中小企业创造就业能力强，适应市场能力强，运行机制灵活。基于此，日本非常重视中小企业的发展，制定了专门针对中小企业的相关法规，在政策上给予极大的支持。日本制造业中小企业数量多，所占比例达到 90%以上，为日本实现工业化作出了重要贡献。

20 世纪 20 年代起，日本近代大工业迅速发展，中小企业（包括零星工业，即指家庭工业或副业，其规模很小，从业人员一般在 4 人以下，多存在于农村）的数量亦大幅度增加，"双重结构"由此形成。在 1920—1940 年，轻纺行业和金属、机械行业增加了 1.5 万家工厂，大多是分散的、100 人以下的小型工厂。其中，1935 年后，中小企业的数量不断扩大，100 人以下的中小企业增加了 552617 家，增加了 679.26%。在这些中小企业中，数量最多的是 9 人以下的小企业，其数量在 1942 年比 1935 年增加了 534428 家，占比从 54.93%上升到 91.02%。此后，由于政府严厉整顿轻工企业和各类中小企业，尤其是民需企业，导致不少企业停产、工厂大量减少，但存活下来的中小企业仍然为数不少。1949 年，从业人员在 100 人以下的企业仍有 235942 个，只是其构成发生了一定的变化，9 人以下的小企业减少，占比下降了 22.14%，10～49 人规模的企业数则明显增加，

占比达到了 20.49%。这些中小企业以其强大的生命力，在占据日本工业重要地位的同时，为日本解决了大量的优质就业，进而推动日本的工业化持续向前。

第五节　各国推进工业现代化的一般经验

回顾英国、美国、德国、日本等国的工业现代化历程，可以发现，虽然各国在工业现代化的启动阶段、技术水平、社会制度等方面差别较大，但存在一定的共性做法和经验。

一、技术进步推动生产力水平不断提高

掌握先进技术及产业化应用是推进工业现代化的前提条件。科技的发展对社会生产力的提高起到了极大的促进作用，使人民生活水平逐步提高。18 世纪中期人类社会相继进入“蒸汽时代”、19 世纪后期进入“电气时代”、20 世纪末期进入“信息时代”，这些都是技术水平的提高带动生产力水平的提高所带来的重要飞跃。在各个发达国家的技术发展过程中，美国鼓励英国移民带着技术来到美国，目的是通过设立高额奖金打破当时英国的技术封锁；德国一方面学习英国、法国等国的先进技术，另一方面围绕物理和化学两个领域，加快产品和装备开发，这些技术提升都使得当时的社会生产力水平实现了大幅提升，从而推进工业现代化快速发展。

二、产业结构迭代升级带动经济规模的稳步增长

产业结构升级会通过资源配置优化、经济外部效应提升及主导产业关联性增强等方式，推动经济发生规模性增长。产业结构升级带来的资源、劳动力等生产要素向生产率较高的产业或部门流动，会持续加速产业结构向更高层级跃升。例如，随着工业现代化的推进，美国的重工业占比从 1880 年的 34.6%上升至 1900 年的 44.2%，钢铁、机械制造等行业迅速发展壮大。又如，1850—1870

年德国工业发展速度远高于英国、法国等国工业发展速度，原因是技术推动的产业结构升级。因此，产业结构优化是推进工业现代化的必然结果。

三、先进制造模式普及推广大幅提高生产效率

改进生产模式是推进工业现代化的主要抓手。美国通过流水线和大工厂的生产方式，到 19 世纪 50 年代，互换零件和流水线技术的标准化生产已普遍应用于制造钟表、缝纫机和自行车等部门，生产效率和产品质量都有了很大的提高。从 19 世纪流水线生产技术的出现，到 20 世纪信息技术推动柔性制造等生产模式的创新，在工业现代化的推进过程中，先进工业技术集中体现在生产模式的变革中。

四、产业组织形式更新变化提高要素配置效率

创新组织形态是推进工业现代化的内在要求。第二次世界大战以后，企业之间普遍采取零部件专业化与协作的方式，集中工艺相近的零部件进行批量生产和组装，推动了企业规模的分化。大部分资本规模小、技术创新能力低的企业，集中在零部件专业生产过程中，相对低的零部件加工费限制了这些企业的规模扩展。而实力雄厚的大企业集中于技术开发、产品创新、市场开拓和产品组装生产过程，在市场规模扩张的带动下，凭借专门技术优势，迅速扩大企业规模。第二次世界大战前的 40 年间，英国制造业的 100 家最大企业的产值比重由 16%增至 22%，第二次世界战后，借助企业间高效率的专业化生产方式，英国制造业的 100 家最大企业的产值比重经过 27 年就增至 42%，几乎翻了一番。

五、政府的制度安排和产业政策发挥了重要作用

政府主动作为是推进工业现代化的重要保障，在特定时期更有效率推动工业发展。例如，德国政府对经济的强力干预是德国工业革命中的一大特征，也

是使德国迅速成为资本主义工业强国的一大因素。为保护本国工业发展，德国通过实施关税保护政策，对纸张、化学制成品等进口产品征收进口税，保护了自身年轻的工业。同时，通过实行高关税政策、兴办国营企业、资助私营企业、及时介绍国外新技术和科研新成果、组织科学研究团体等方式，大力保护和推动本国工业发展。

第三章 | Chapter 3

我国推进工业现代化的历史经验与成就

习近平总书记指出："中国共产党建立近百年来，团结带领中国人民所进行的一切奋斗，就是为了把我国建设成为现代化强国，实现中华民族伟大复兴。"中国共产党坚持一切从实际出发，领导人民成功走出工业现代化道路，取得了举世瞩目的成就，打破了"现代化就是西方化"的迷思，充分表明世界上既不存在定于一尊的现代化模式，也不存在放之四海而皆准的现代化标准，为发展中国家工业现代化的探索提供了"中国方案"。

第一节　始终把技术创新放在首要位置

科技是国家强盛之基，创新是民族进步之魂。百年以来，我们的党高度重视技术创新，不断完善国家创新体系，增强技术创新能力，加快推进世界科技强国建设，技术创新在工业现代化发展过程中，始终占据非常重要的位置，在战略上扮演非常重要的角色。

一、各时期对技术创新工作的认识与重点举措

早在新民主主义革命时期，我们的党就开启了技术创新的探索。新中国成立以来，我国科技事业繁荣发展，有力支撑我国全面建成小康社会，提升我国综合国力和国际地位，为社会主义现代化建设作出巨大贡献。

1．新民主主义革命时期：重视知识分子，确定科技的重要作用

新民主主义革命时期，在党的领导下，技术创新工作进入系统性探索阶段。毛泽东等党的领导人大力提倡学习科学知识，鼓励科学研究。一方面，高度重视知识分子的作用。毛泽东同志明确提出，"没有知识分子的参加，革命的胜利是不可能的"。同时认为，中国共产党在建立新中国的伟大斗争中，一定要善于吸纳知识分子，把一切有用的知识分子团结起来。[①]另一方面，高度评价技术创新在经济中的重要性。在 1940 年 2 月延安自然科学研究会成立大会上，毛泽东

① 毛泽东：《大量吸收知识分子》，《毛泽东选集》第二卷，人民出版社，1991。

同志指出，自然科学是很好的东西，它能解决衣、食、住、行等生活问题，每一个人都要赞成它，每一个人都要研究自然科学。毛泽东同志也强调了根据地的建设和巩固过程中技术创新的关键作用，同时提出，所有的共产党员都应该学习经济工作，其中许多人应该学习工业技术。①

在这个阶段，推动技术创新的重点举措包括以下两个方面。一是引进吸收一批知识分子。新民主主义革命时期，我们的党将引进和培育创新人才作为发展任务，利用科技力量服务于军事斗争和生产实践。1925 年，中国共产党第四次全国代表大会首次提出，将“大量吸收知识分子入党”列为党的组织工作之一。1939 年，毛泽东同志为中共中央起草了著名的《大量吸收知识分子》，提出共产党必须善于吸收知识分子，没有知识分子的参加，革命的胜利是不可能的。在“发挥知识分子作用”思想的引导下，我们的党吸纳高士其、彭士禄、罗沛霖等大量学者、知识青年。这些知识分子面向生产建设的具体需要，组织边区民众学习科学知识，为夺取抗日战争和解放战争的胜利提供了坚实的人才支撑。二是建设延安自然科学研究院。党中央明确了“为根据地培养紧缺的自然科学人才”的迫切性，通过建立科教机构，培养科学技术人才，填补自然科学的缺口。1939 年 1 月，陕甘宁边区政府指出，要开办实用科学研究所，以发展工业、植物、土木工程、动物、化学、地质等科学研究，造就科学人才，以适应发展国防经济之需要。②之后，我们的党创办了第一所科教机构——延安自然科学研究院。1940 年 9 月，延安自然科学研究院改建为延安自然科学院，下设物理、化学、生物、地矿 4 个系。延安自然科学院在办学过程中一直强调“理论与实践相结合，学习与生产相结合”的原则，根据陕甘宁边区的实际需求，建立了机械实习工厂、化工实习工厂和玻璃工厂等，聚集和培养了一批科技人才，为抗日战争胜利和解放战争胜利作出了独特贡献。

---

① 毛泽东：《共产党是要努力于中国的工业化的》（1944 年 5 月 22 日），《毛泽东选集》第三卷，人民出版社，1991。

② 马一德：《党领导科技事业的光辉历程与百年启迪》，人民论坛网，2021 年 9 月 19 日。

2．社会主义革命和建设时期：向科学进军

在社会主义革命和建设时期，我国面临从革命向经济建设的转变。面对新中国一穷二白的物质技术基础，党和国家领导人深刻体会到缺乏科学技术的切肤之痛。毛泽东同志曾提出，“我们国家要建设，就要有技术，就要懂得科学，这是很大的革命。没有这样一个革命，单是政治改变了，社会制度改变了，我们国家还是一个穷国，还是一个农业国，还是一个手工业、手工技术的国家。”[①]因此，以毛泽东同志为核心的党的第一代领导集体提出了“由阶级斗争到向自然界作斗争”的发展思路。1956 年 1 月，周恩来同志代表中共中央作《关于知识分子问题的报告》，强调我们的科学技术仍然远远落后，必须急起直追，并发出“向科学进军”的号召。毛泽东同志把这个号召翻译成：“向自然界开火，进行技术革新和技术革命。”[②]在技术创新的过程中，毛泽东同志特别强调自力更生的重要性，强调“我们的方针要放在什么基点上？放在自己力量的基点上，叫做自力更生”。因此，当苏联政府单方面撕毁协定、撤走全部专家时，中国才能不受制于人，靠自己的力量继续开展创新。

在这个阶段，推动技术创新的重点举措包括以下三个方面。一是加强技术创新的顶层设计。新中国成立以来，中国将苏联作为学习对象，开展技术创新工作的顶层设计。1953 年 2 月，钱三强率领中国科学院代表团前往苏联，了解和学习苏联如何组织领导科学研究工作。1956 年 8 月，我国制定《1956—1967 年科学技术发展远景规划》，这是 1949 年以后的第一个科技规划。该规划确定“重点发展，迎头赶上”的指导方针，提出了国家建设所需要的 57 项重要科学技术任务和 616 个中心问题，提出了各门学科的发展方向。二是建设成立一批研究机构。1949 年 11 月，党中央批准成立中国科学院，并提出“使它成为领导全国提高科学水平、培养新生力量的火车头”的建设目标。“一五”计划期间，我国建立起一支以中国科学院为主要力量的科学研究队伍，并逐渐扩大高等院校、地

① 毛泽东：《关于正确处理人民内部矛盾的问题》，《毛泽东著作选读》下册，人民出版社，1986。

② 《时代的选择 历史的传承——重温毛泽东邓小平江泽民胡锦涛关于科技创新的论述》，科技日报，2012 年 7 月 20 日。

方科研机构的数量和规模，研究水平有了较大的提高。三是以举国体制推动重点领域创新。新中国成立初期，面临严峻的国际形势，我国逐步形成了“集中力量办大事”的举国体制，确立了“以任务带科学”的发展思路，集中全国力量发展科技事业，以快速解决重点领域的创新问题，具体表现为以政府为主导、动员全国力量规划科学技术的重点突破方向，按照任务导向的模式动员物质资源和指挥科研力量攻关。[①]由中国科学院、国防科研机构、高校、中央各部委科研机构和地方科研机构，共同组成国家科技发展的中坚力量。[②]在科技举国体制的保驾护航下，我国整合有限资源、资本，初步构建起工业体系，在钢铁、国防等领域快速突破关键核心技术，取得“两弹一星”等国家重大国防和科技工程的成功。

3．改革开放和社会主义现代化建设新时期：科学技术是第一生产力

在改革开放和社会主义现代化建设新时期，我国创新体系的构建突飞猛进，与发达国家的差距显著缩小，更加接近现代化的要求。改革开放初期，邓小平同志提出“科学技术是第一生产力”，指出“没有现代科学技术，不可能建设现代农业、现代工业、现代国防。没有科学技术的高速度发展，也就不可能有国民经济的高速度发展。”这一重要论述为我国科技发展和转型奠定了重要的思想理论基础。随着我国经济发展水平的不断提高，党中央提出了“科教兴国”战略，把经济建设转移到依靠科技进步和提高劳动者素质，增强国家科技实力和转化为现实生产力的能力，提高全民族科技文化素质的轨道上来。随着我国跨入新世纪，面对人均 GDP 突破 1000 美元（约合人民币 6800 元），经济总量跃居世界前列，工业化、城镇化、市场化、国际化进程明显加快的发展现状，我国提出了用 15 年时间迈入创新型国家行列的战略目标。与此同时，我国的创新体系建设也在不断完善。党的十六届五中全会提出，“科学技术发展要坚持自主创新、重点跨越、支撑发展、引领未来的方针，不断增强企业自主创新能力，加快建设国家创新体系。”党的十七大指出，“加快建立以企业为主体、市场为

① 包炜杰：《从“举国体制”到“新型举国体制”：历史与逻辑》，《社会主义研究》2021 年第 5 期。

② 刘天星：《科技发展亟须构建新型举国体制》，《学习时报》2019 年 7 月 17 日。

导向、产学研相结合的技术创新体系，引导和支持创新要素向企业聚集，促进科技成果向现实生产力转化。”确定了以企业作为创新主体的建设目标。

在这个阶段，推动技术创新的重点举措包括以下三个方面。一是紧跟高科技领域发展方向。邓小平同志曾经强调：“现在世界的发展，特别是高科技领域的发展一日千里，中国不能安于落后，必须一开始就参与这个领域的发展。”1986年3月，邓小平同志亲自批准实施了国家高新技术研究发展计划（即“863计划”，见图3-1），瞄准发达国家高新技术发展方向，选择信息技术、生物技术、自动化技术、航空航天技术、激光技术、新能源、新材料七大领域，组织一支跟踪世界高新技术发展的优秀科技队伍。面对全球第三次工业革命，我国敏锐地感受到信息化对工业现代化的推动作用，为了改变信息资源行业分隔、核心技术受制于人的局面，提出大力发展信息网络科学技术，包括发展和普及互联网技术，积极研发和建设新一代互联网。二是明确企业的创新主体地位。我国不断加大对创新型企业的培育力度，并不断引导和支持创新要素向企业集聚。2006年，我国开展了技术创新引导工程，引导形成拥有自主知识产权的、自主品牌和持续创新能力的创新型企业，建立以企业为主体、市场为导向、产学研结合的创新体系，增强战略产业的原始性创新能力和重点领域的集成创新能力。2006—2012年，科技部、国有资产监督管理委员会、中华全国总工会共评选出国有大型骨干企业、民营科技企业、应用开发类科研单位等5批共563家创新型试点企业，示范带动效应良好。三是促进创新成果转化。1988年8月，国务院批准实施“火炬计划”，其宗旨是高新技术商品化、产业化和国际化，选拔具有自主知识产权、技术能力居国内同行业领先水平、承担“火炬计划”重点项目的高新技术企业。同时，在一些知识、技术密集的大中城市和沿海地区建立高新技术发展产业开发区，最大限度地吸引投资，追赶国际步伐。通过在开发区实施高新技术产业优惠政策和各项改革措施，充分吸收和借鉴国外先进的科技资源、资金和管理手段，最大限度地将科技成果转化为现实生产力，使高新技术产业得到较快发展。

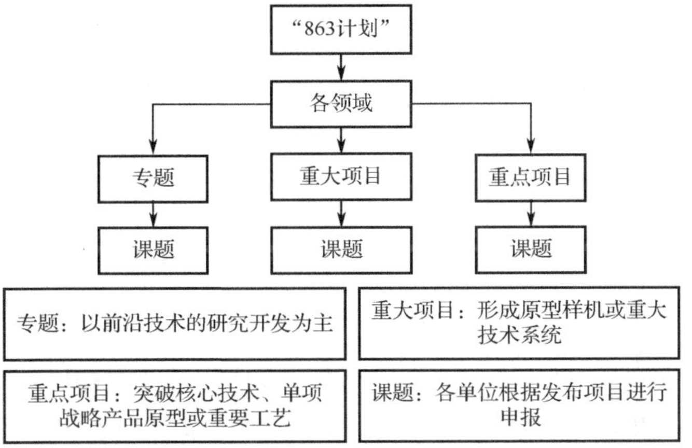

图 3-1 "863 计划"框架

4．中国特色社会主义新时代：将创新作为引领发展的第一动力，走中国特色自主创新道路

党的十八大以来，面对百年未有之大变局，站在实现中华民族伟大复兴中国梦的历史关口，以习近平同志为核心的党中央更加重视科技创新的支撑作用。面对新形势、新格局，习近平总书记赋予技术创新更深层次的时代内涵。一是坚持创新在我国现代化建设全局中的核心地位。习近平总书记指出，"科技兴则民族兴，科技强则国家强。"要实现"两个一百年"奋斗目标，实现中华民族伟大复兴的中国梦，必须坚持走中国特色自主创新道路，面向世界科技前沿、面向经济主战场、面向国家重大需求，加快各领域科技创新，掌握全球科技竞争先机。二是强调科技成果更充分地惠及人民群众。习近平总书记指出，"科学研究既要追求知识和真理，也要服务于经济社会发展和广大人民群众。"习近平总书记坚持以人民为中心的发展思想，强调技术创新应该是为人民群众服务的。要积极引导科技创新的价值导向，发挥其在国家、社会和人民中的正面作用，使科技成果更充分地惠及人民群众。三是强调技术创新的目标是进入创新型国家前列。习近平总书记在党的二十大报告中提出，到 2035 年要实现"高水平科技自立自强，进入创新型国家前列"。需要我们以只争朝夕的使命感、责任感、紧迫感，抢抓全球科技发展先机，在前沿领域奋勇争先。

在这个阶段，我们不断完善制造业创新体系，坚定问题导向，通过创新突破瓶颈制约，努力缩小重点领域差距，推动我国制造业向价值链中高端跃升。一是不断强化企业的创新主体地位。推动出台支持风险投资、创业投资等基金发展的税收优惠政策，鼓励金融机构提高制造业中长期贷款比例以支持企业创新，支持发展创投、风投等基金。鼓励企业加大研发投入并向创新链前端延伸，推动“产学研用”深度融合，构建新兴产业创新生态。二是促进关键核心技术攻关。深入实施产业基础再造工程，打牢核心基础零部件及元器件、关键基础软件、关键基础材料、先进基础工艺等，力争使得产业基础薄弱的问题得到进一步解决。着力突破关键共性技术瓶颈，解决重点产业“缺核少芯”、关键核心技术受制于人的问题，确保关键核心技术不受他人限制。三是加快建设创新载体。布局建设国家和省级制造业创新中心。构建高效联动的制造业创新网络。支持行业龙头企业联合高校、科研院所和上下游企业建设一批制造业创新载体。指导各地打造大中小企业融通型和专业资本集聚型创新创业特色载体。

二、我国在技术创新方面取得的历史成就

1．企业研发投入稳步增加

2012—2021 年，我国规模以上工业企业研究与试验发展经费（R&D 经费）总额扩大了 2.43 倍（见图 3-2），规模以上制造业企业研发投入强度从 0.71%提升至 1.54%，高技术制造业研发投入强度于 2021 年达到 2.71%。在规模以上工业企业中，通用设备制造业、专用设备制造业、汽车制造业、电气机械和器材制造业，以及计算机、通信和其他电子设备制造业五个行业的 R&D 经费投入超过千亿元，占全部规模以上工业企业 R&D 经费的比重为 51.2%。截至 2021 年年底，我国有效发明专利拥有量达到 359.7 万件，每万人拥有的高价值发明专利拥有量达到 7.5 件，同比增长 1.2 件。其中，信息技术管理方法、计算机技术和医疗技术的国内发明专利有效增长量分别为 100.3%、32.7%和 28.7%。我国在世界知识产权组织“全球创新指数报告”中的排名连续 9 年稳步上升，2021 年位居全球第 12 位。

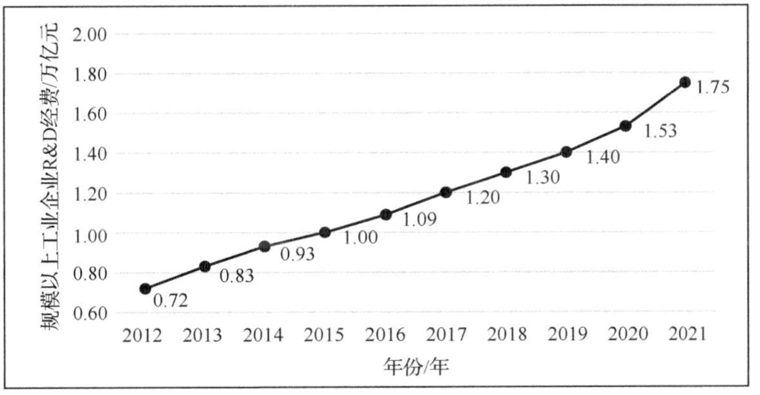

图 3-2　2012—2021 年规模以上工业企业 R&D 经费

2．制造业创新体系不断完善

我国布局建设动力电池、增材制造等 21 个国家制造业创新中心（见表 3-1），设立现代中药、硅基混合集成 2 个国家地方共建创新中心，指导各地认定省级创新中心 223 个，以国家制造业创新中心为核心节点的制造业创新网络基本形成。聚焦工业和信息化领域创新发展目标和重大工程建设要求，在区块链、人工智能、网络安全等领域建设重点实验室，联合行业优势企业开展产学研协同创新，解决制约行业发展的技术难题。加强创新队伍建设，遴选培育国家技术创新示范企业 716 家、国家中小企业公共服务示范平台 703 家、国家小型微型企业创业创新示范基地 392 家。开展工业企业知识产权运用试点，累计遴选知识产权运用试点企业 2813 家，中小企业知识产权运用能力不断增强。

表 3-1　国家制造业创新中心名单

序　号	制造业创新中心名称	所 在 地	建 设 时 间
1	国家动力电池创新中心	北京	2016 年
2	国家增材制造创新中心	西安	2017 年
3	国家印刷及柔性显示创新中心	广州	2018 年
4	国家信息光电子创新中心	武汉	2018 年
5	国家机器人创新中心	沈阳	2018 年
6	国家集成电路创新中心	上海	2018 年
7	国家智能传感器创新中心	上海	2018 年
8	国家数字化设计与制造创新中心	武汉	2018 年

续表

序　号	制造业创新中心名称	所　在　地	建设时间
9	国家轻量化材料成型技术及装备创新中心	北京	2019 年
10	国家先进轨道交通装备创新中心	株洲	2019 年
11	国家农机装备创新中心	洛阳	2019 年
12	国家智能物联汽车创新中心	北京	2019 年
13	国家先进功能纤维创新中心	苏州	2019 年
14	国家稀土功能材料创新中心	江西、内蒙古	2020 年
15	国家高性能医疗器械创新中心	深圳	2020 年
16	国家集成电路特色工艺及封装测试创新中心	无锡	2020 年
17	国家地方共建硅基混合集成创新中心	重庆	2021 年
18	国家 5G 中高频器件创新中心	深圳	2021 年
19	国家玻璃新材料创新中心	蚌埠	2021 年
20	国家高端智能化家用电器创新中心	青岛	2021 年
21	国家智能语音创新中心	合肥	2021 年

3．关键领域创新取得一批标志性成果

围绕大飞机、重大短板装备、关键新材料、工业互联网、5G（第五代移动通信）等领域实施一批科技重大专项，加快关键核心技术攻关和重点领域技术创新迭代应用，不断强化产业链关键环节、关键产品保障能力，部分重点领域开始进入“并跑”“领跑”阶段。5G 国际标准必要专利占比全球领先，嫦娥揽月、神舟飞天，北斗组网、天问启程，C919 大型客机成功首飞，航空航天装备技术水平大幅提高。海斗探海、蓝鲸钻井、双龙探极、航母列装，深远海海洋工程装备和高技术船舶快速发展。时速 350km 的“复兴号”动车组批量投入运营，时速 600km 的高速磁悬浮交通系统成功下线。特高压输变电、大型掘进装备、煤化工大型成套装备等跻身世界前列，百万千瓦级水电机组并网发电。深入推进产业基础再造工程，聚焦核心基础零部件、核心基础元器件、关键基础软件、关键基础材料、先进基础工艺、产业技术基础等瓶颈，开展产业链上下游体系化联合攻关，加强攻关产品应用牵引，重点产品应用示范取得积极进展，机器人减速器等一批基础产品已实现批量应用。

第二节 高度重视产业结构优化调整

产业结构优化调整是当今各国发展经济的重要课题，调整和建立合理的产业结构，目的是促进经济和社会的发展和人民物质文化生活的改善。我国高度重视产业结构优化调整，坚持市场调节和政府引导相结合，推动资源优化配置，实现产业结构合理化、高级化发展。

一、各时期对产业结构调整工作的认识与重点举措

1．新民主主义时期：围绕革命战争开展生产活动

新民主主义革命早中期，我国主要目标是争取抗战胜利。当时革命根据地规模很小且为数不多的工业企业主要围绕并服务于革命战争开展生产活动，争取工业品自给或半自给。到了新民主主义革命即将取得胜利的前夕，中国共产党逐步对国家工业建设的必要性进行了探索与构想。1944 年 5 月，毛泽东同志在陕甘宁边区职工代表大会上指出，“中国落后的原因，主要是没有新式工业。”1945 年，毛泽东同志在《论联合政府》中指出，“没有一个独立、自由、民主和统一的中国，不可能发展工业。”强调了国家存亡、民族解放与工业发展的关系。

在这个阶段，中华苏维埃共和国制定了支持工业发展的相关政策。例如，中华工农兵苏维埃第一次全国代表大会通过的《中华苏维埃共和国关于经济政策的决定》提出，竭力促进工业的发展，特别注意保障供给红军的一切企业的发展（工厂、作坊、手工业、家庭企业等）。推动包括炼铁、基本化学品、玻璃和陶瓷、机器制造等重工业和化学工业初步建立，轻工业持续发展，毛巾、肥皂、火柴、纸张、纸烟等全部或部分自给，缓解了根据地物资匮乏的问题。

2．社会主义革命和建设时期：初步建立以重工业为主的产业结构

1949 年，我国工业基础几乎为零，部分工业的发展甚至还不如晚清时期。毛泽东同志曾经感慨，“现在我们能造什么？能造桌子椅子，能造茶碗茶壶，能

种粮食，还能磨成面粉，还能造纸，但是，一辆汽车、一架飞机、一辆坦克、一辆拖拉机都不能造。”为了改变我国工业落后状况，党中央作出了优先发展重工业的决策，要求首先保证重工业和国防工业的基本建设，特别是确保完成那些对国家起决定作用的、能迅速增强国家工业基础与国防力量的主要工程。

在这个阶段，面对工农业产值低下、国防基础薄弱的困境，产业结构调整的重点举措包括以下两个方面。一是建设以重工业为主、轻工业为辅的工业生产体系。从 1953 年开始，我国开始有目的地构建相对完整的产业结构体系。在国民经济中扩大工业生产的比重，优先发展电力、煤炭、钢铁、机械等重工业产业群，并妥善处理农业、轻工业、重工业比例关系，推动纺织、医药等一批民生工业发展，建立以重工业为主、轻工业为辅的工业生产体系。二是实施一批工业项目。前两个“五年计划”期间，我国集中主要力量，以苏联援助的 156 个建设项目为中心，共建设了 694 个工业项目，覆盖钢铁、重型机械、炼油、有色冶金、煤矿、化肥、医药等方面，使我国形成了基本完整、相互支撑的产业结构雏形，追赶工业现代化发展步伐。在二十余年的工业发展过程中，我国工业体系不断完善，在国内生产总值中的比重显著提升。从全国层面看，我国产业结构在 1952—1977 年发生了巨大变化，从农业占主体地位变为工业占主体地位，实现了国内工业的崛起（见图 3-3）。

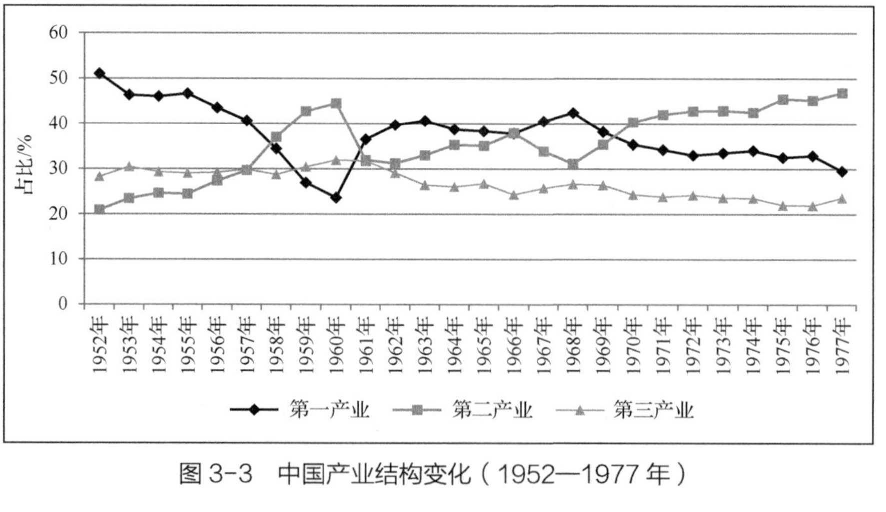

图 3-3　中国产业结构变化（1952—1977 年）

3．改革开放和社会主义现代化建设新时期：以问题导向推动产业结构优化调整

改革开放初期，我国轻工业与重工业比例失衡，轻工产品供应长期紧张，难以满足人民基本生活需要。1979 年，中央工作会议提出“调整、改革、整顿、提高”八字方针，重点扶持轻纺等劳动密集型产业发展。凭借劳动与资源优势，以电子、轻纺为代表的制造业快速崛起，以快于工业年均增长的高速度扩张生产能力，成为这一时期我国成长最快的产业。在轻工产业飞速发展的同时，电力、石油、原材料制造等基础工业的增长速度相对较慢、供给不足，导致全国30%的工业生产能力无法发挥。20 世纪 80 年代末至 90 年代初，我国产业结构失衡问题仍然存在，并且表现出新特征，包括三次产业之间的失衡、加工工业和基础工业之间的失衡、加工工业内部的失衡等。[①]1992 年，在党的十四大报告中，机械电子、石油化工、汽车制造和建筑业被确定为新的支柱产业。同时强调发展高技术产业，如电子及通信设备制造业、电气机械及器材制造业等。经过调整，产业结构中重大的比例关系趋向协调。进入 21 世纪后，我国化工、机械等产业发展迅速，短期内实现了经济的高速增长。但粗放型的发展方式以大量资源消耗为代价，对环境造成严重破坏，长期来看难以为继。因此，我国提出了“新型工业化”的发展道路。

在这个阶段，产业结构调整的重点举措包括以下两个方面。一是鼓励用新技术改造传统产业。党的十六大以来，我国提出用信息化技术改造提升传统产业，通过体制创新、技术引进、自主创新、淘汰落后等方式，有力地推动传统产业结构调整与升级。二是大力培育发展高新技术产业。改革开放以来，尤其是进入 21 世纪以来，为适应全球高新技术产业竞争发展的大局和趋势，我国坚持体制创新与技术创新相结合，着力发展对经济增长有突破性重大带动作用的高新技术产业，有力地促进了产业结构调整。

4．中国特色社会主义新时代：推进制造业高质量发展

党的十八大以来，以习近平同志为核心的党中央高瞻远瞩、总揽全局、把

① 张小筠、刘戒骄：《改革开放 40 年产业结构政策回顾与展望》，《改革》2018 年第 9 期。

握大势，提出了一系列新理念、新思想、新战略，如推进制造业高质量发展、促进数字经济和实体经济融合发展等重要战略部署，指导我国工业现代化建设取得了历史性成就，探索出一条有别于西方的工业现代化的发展道路。习近平总书记提出，“创新驱动、新旧动能转换，是我们是否能过坎的关键”。进一步强调在深化新旧动能转换基础上，着力探索转型发展之路。

在这个阶段，产业结构调整的重点举措包括以下三个方面。一是加强规划引领。围绕汽车、钢铁、造船等领域实施十大产业振兴和调整规划，以淘汰落后、自主创新、优化布局为重点，缓冲世界金融危机对我国造成的影响，推动制造业实现脱胎换骨。二是实施技术改造。实施制造业重大技术改造升级工程，加大企业技术改造和设备更新投入，着力扩大制造业有效投资，技术改造占工业投资比重始终稳定在40%以上，成为提振工业投资的主要力量。三是培育新兴产业。出台一系列政策文件指导重点行业释放发展新动能，积极推动5G、工业互联网、移动互联网与各行业融合应用，加快培育个性化定制、网络化协同等新业态新模式，云计算、大数据、物联网、区块链、车联网等新技术蓬勃兴起。

二、我国在产业结构调整方面取得的历史成就

70 余年来，在党的坚强领导下，特别是进入新时代以习近平同志为核心的党中央卓越领导下，我国工业发展取得历史性成就，制造业发展迈出历史性步伐，世界制造业大国地位愈加稳固。

1．制造业全球地位持续攀升

2012—2021 年，我国工业增加值从 20.9 万亿元增长到 37.3 万亿元，年均增长 6.3%；制造业增加值从 16.98 万亿元增加到 31.4 万亿元，全球占比从 20%左右提高到近 30%。一批重要产品产量占全球一半以上，生产了全球 33%的汽车、57%的粗钢和水泥、59%的电解铝、62%的甲醇、80%的家电，以及 90%的手机、计算机、彩电等。同时，我国是全球唯一拥有联合国产业分类中全部工业门类的国家，包括 41 个大类、207 个中类、666 个小类，是全球工业体系最完整的

国家。500 种主要工业产品中，我国有四成以上产品的产量位居世界第一。货物出口总额由 2012 年的 12.9 万亿元提高到 2021 年的 21.7 万亿元，其中，技术密集型的机电产品、高新技术产品出口额分别由 2012 年的 7.4 万亿元、3.8 万亿元增长到 2021 年的 12.8 万亿元、6.3 万亿元，制造业中间品贸易在全球的占比达到 20%左右。

2. 传统产业焕发新活力

积极稳妥化解过剩产能，建立落后产能退出长效机制，钢铁、煤炭、水泥等行业淘汰落后产能取得积极成效，钢铁行业提前两年完成“十三五”确定的钢铁去产能 1.5 亿吨、1.4 亿吨“地条钢”全面出清、重点行业主要污染物排放强度降低 20%以上目标。节能智能家电全面普及，电饭煲、吸油烟机、智能电视等高端产品供给能力不断提升。汽车快速进入寻常百姓家庭，每千人汽车保有量由 2012 年的 89 辆提高到 2021 年的 208 辆，部分领域智能制造处于国际先进水平，有力提升了人民生活质量。

3. 新兴产业加速发展

截至 2021 年年底，我国消费级民用无人机占据全球 70%以上市场份额；新能源汽车销售 352.1 万辆，同比增长 1.6 倍，连续 7 年位居全球第一；工业机器人、太阳能电池、3D 打印设备、智能手表、集成电路等主要产品实现较快增长，新材料产业产值实现翻番。高技术制造业和装备制造业占规模以上工业增加值比重分别从 2012 年的 9.4%、28%提高到 2021 年的 15.1%、32.4%，成为推动产业结构优化升级的主要力量。共享单车、网络直播、在线办公、在线教育、远程医疗等极大地便利人民群众生产生活，支付宝、微信支付等移动支付手段迅速普及。2020 年，全国电子商务交易额达 43.8 万亿元，居全球第一。

4. 区域布局不断优化

重点地区龙头带动作用进一步增强，长江经济带发展、京津冀协同发展、粤港澳大湾区建设等的龙头带动作用凸显。培育 445 家国家新型工业化产业示范基地、25 个先进制造业集群，成为产业创新的“策源地”、“专精特新”中小企业的“集聚地”、重大创新项目的“承载地”和区域经济发展的“新高地”。

第三节　持续推进先进生产模式应用

生产模式是指企业体制、经营、治理、生产组织和技术系统的形态和运作模式，并随着经济发展不断适应进化。随着社会的发展、技术的进步及市场的变化，我国工业生产模式始终处于不断变革和完善的过程中，在先进生产模式应用方面取得了显著成效。

一、各时期对先进生产模式应用工作的认识与重点举措

1. 新民主主义革命时期：以手工生产支撑工业发展

在新民主主义革命时期，中国共产党就在中央苏区进行了工业化的探索。中央苏区没有现代工业，造纸、制烟、织布、碾米基本以手工作坊生产为主。针对该地区分散的、个体的、技术落后的手工业局面，毛泽东同志明确指出：“应该首先为着自给，其次也为着出口，有计划地恢复和发展手工业和某些工业。”1932 年，中华苏维埃临时中央政府颁布了《合作社暂行组织条例》，为各地手工业生产合作提供了统一的章程。陕甘宁边区政府制定了经济建设的基本方针，指出“普遍地发展手工业和机器手工业”“在手工业发展的基础上，建立大规模的机器工业和矿业，供给抗战的需要”。①

在这个阶段，中央苏区面对频繁的战争和经济封锁，加速发展军需、日用品和采矿等工业，逐步建立起中央兵工厂、中央被服厂、中央印刷厂、中央造币厂，以及弹棉、樟脑、织布、纺织、卫生材料、无线电器材等工厂，从而保障了战争需要，维系了新生的红色政权。但是，当时具有现代意义的工业很少，而且被国外资本和封建买办资本掌握了绝大部分，手工业生产仍然占据主导地

① 李晓华、沈继楼：《中国共产党领导下的百年工业化：历程、经验与展望》，《当代财经》2021 年第 12 期。

位。相关统计数据显示，截至 1949 年 10 月中华人民共和国成立，全国城镇专门从事手工业生产的人约有 1000 万，产值为 32.4 亿元。同时还有大量的活跃在农村的半农半工的手工业者。这些手工业者为社会提供了大量的手工业产品和服务，使包括生产和生活消费在内的社会需求得到了基本满足。

2．社会主义革命和建设时期：推进生产模式逐步“去手工化”

社会主义革命和建设时期，我国工业基础极为薄弱，难以满足人民生产、生活不断扩大的紧迫需求。在这样的背景下，手工业承担起工业生产的部分任务，成为国民经济恢复期的重要支撑。相关调查显示，1951 年，在河北和浙江等省份农民需要的生产用品和生活用品中，手工业产品占比超过 70%；西北地区农民需要的生产用品和生活用品中，手工业产品占比超过 90%，说明手工作坊生产仍占据主流。其中，手工业户数和从业人数在整个私营工商业中的占比很大，在很多中小城市的私营工业中，几乎大部分是手工业。1955 年，毛泽东同志在《关于农业合作化问题》的报告中指出，我们现在不但正在进行关于社会制度方面的由私有制到公有制的革命，而且正在进行技术方面的由手工业生产到大规模现代化机器生产的革命，而这两种革命是结合在一起的。毛泽东同志强调“中国只有在社会经济制度方面彻底地完成社会主义改造，又在技术方面，在一切能够使用机器操作的部门和地方，统统使用机器操作，才能使社会经济面貌全部改观。”

在这个阶段，推进生产模式应用的重点举措包括以下两个方面。一是建立手工业合作社。传统手工业生产能力低下，难以满足国内外市场需求。为进一步发展生产、扩大出口，我国便开始组织手工业合作社，以依靠集体的力量接收和利用国家闲置的机器、设备，发展了一批半机械化的生产合作社，这是当时个体手工业者的财力、物力难以做到的。二是在重工业领域推广机械化生产。我国“一五”计划确立了优先发展重工业的战略，开始大力组织进口机器设备、工业器材等，以满足国家经济建设的需求。此时，我国生产模式出现了向半机械化、机械化转变的趋势。随着时间的推移，部分手工业逐步转变成为机器生产，推动国民经济快速发展。

3．改革开放和社会主义现代化建设新时期：加速生产模式向自动化转变

改革开放以来，我国工业生产模式向机械化快速转变，工人和机器相互配合完成生产。1979 年，随着我国颁布大量对外开放政策，尤其是《中外合资经营企业法》，短时间内促进了发达国家的工业设备、技术向我国大规模转移和扩散；大部分企业淘汰了苏联旧式生产设备，购买了先进的进口机器设备。第三次全国工业普查的结果显示，截至 1995 年，全国工厂主要的生产设备中，仅有 9.5%是在 20 世纪 70 年代及以前出厂的。设备的快速更新迭代，使劳动生产效率实现大幅提高。[①]但是，机器的操作主要依赖工人掌控，生产自动化程度比较低，机器主要起辅助调节作用。总体而言，这一时期的大规模流水线等机械化生产方式成为主流，用来满足人们的物质需求。加入 WTO（世界贸易组织）以后，我国工业生产模式呈现由机械化向自动化发展的趋势。与机械化生产相比，自动化生产能够进一步提高生产效率，扩大供给能力。

在这个阶段，推进生产模式应用的重点举措包括以下三个方面。一是加快引入计算机辅助软件。20 世纪 70 年代，我国政府敏锐地意识到了这一工业自动化技术的广阔市场前景，在政府的主导下，航空、机床、石油、化工、钢铁等行业率先引进 CAD、CAE 数控系统，以及 MIS、DCS、PLC、现场控制仪表等，成为国内大范围工业自动化工具普及的开端。二是鼓励国外先进设备引进。我国通过加大关税削减力度等手段，使外商投资企业的进入成本大幅降低，大量外国资金和先进技术设备更加迅速地涌入中国，为我国生产模式转变提供了技术基础。企业通过在生产过程中引入自动机床、组合机床及自动生产线等自动化设备，使原有的许多人工操作和控制工序由自动化控制系统来运行，使得规模化生产更有效率。三是推进国家制造业信息化工程。制造业信息化被列入《国家中长期科学和技术发展规划纲要（2006—2020 年）》中制造业科技发展的重点方向。重点是抓好数字化设计、数字化生产、数字化装备和数字化管理，并以此为基础，形成一批数字化企业。

---

① 王琳、马艳、张思扬：《改革开放 40 年我国生产关系演变的现实路径与理论机理》，《上海财经大学学报：哲学社会科学版》2018 年第 6 期。

4．中国特色社会主义新时代：智能化、绿色化、服务化成为生产模式变革的重要方向

2012 年以来，生产技术水平飞速发展，制度改革也随之不断深化，从而推进我国经济的快速增长。2015 年制造强国战略明确了发展智能制造、绿色制造的产业升级方向，首次提出要促进生产型制造向服务型制造转变，以实现从“制造大国”到“制造强国”的转变。在智能制造方面，2015 年国务院发布《关于积极推进“互联网+”行动的指导意见》，2017 年国务院发布《关于深化“互联网+先进制造业”发展工业互联网的指导意见》，进一步凸显了新一代信息技术对制造业发展的重要作用，使工业互联网成为支撑制造业数字化转型的路径和方法论。在绿色制造方面，2020 年我国宣布力争在 2030 年前实现二氧化碳排放达到峰值，努力争取在 2060 年前达成碳中和目标。我国开始加快绿色低碳技术应用，提升绿色低碳发展能力。2021 年工业和信息化部发布《“十四五”工业绿色发展规划》，强调大力采用低碳技术和工艺装备，发展低碳产业，构建低碳工业体系，完善重点行业低碳发展政策，探索技术可行、经济可承受的低碳转型战略，走碳达峰及深度脱碳的绿色发展道路。在服务型制造方面，2019 年国家发展改革委员会等 15 个部委发布的《关于推动先进制造业和现代服务业深度融合发展的实施意见》提出，要培育融合发展新业态新模式，探索重点行业、重点领域融合发展新路径。2020 年，工业和信息化部等 15 个部委联合发布了《关于进一步促进服务型制造发展的指导意见》，明确提出要积极利用工业互联网等新一代信息技术赋能新制造、催生新服务，推动先进制造业和现代服务业深度融合。

在这个阶段，推进生产模式应用的重点举措包括以下三个方面。一是大力推动智能制造。大数据、人工智能、云计算、区块链等新一代信息技术与制造业加速融合。各地区积极开展智能制造应用试点工作，快速推进示范项目、推广典型经验。2021 年，工业和信息化部联合国家发展改革委、财政部、国家市场监管总局，评选出 110 家智能制造示范工厂，打造了近 1200 个优秀场景，培育出 1700 余家引领行业发展的数字化车间或智能工厂，以及 5500 余家区域领军企业。“十四五”以来，我国不断细化推进路径，先注重新模式新业态的探索，后逐步深化到挖掘典型场景，大力引导企业数字化转型、智能化升级。二是加快实施绿色制造。2016 年国家实施《工业绿色发展规划（2016—2020 年）》以来，工业和信息化部编制了《绿色制造标准体系建设指南》，实施了一大批重点项目，着力推动绿色制造，涉及厂房、原材料、能源、废物等方面，实现集约化、无害化、低碳化、资源化发展。近年来，绿色制造相关工程和行动成效显著，培育出一大批绿色工厂、绿色产品设计、绿色园区、绿色供应链管理示范企业，并且在燃料加工行业、化学制造、非金属矿物制品业、电力生产、热力生产等高耗能行业也实现了绿色制造工厂的创建。截至 2022 年 10 月，工业和信息化部已发布了六批绿色制造名单，创建了 2783 家绿色工厂、224 家绿色工业园区、296 家绿色供应链管理企业，发布了 2727 种绿色设计产品，基本覆盖全部工业行业。三是鼓励企业开展服务型制造。近年来，服务型制造呈现蓬勃发展的态势，个性化定制、网络化协同等新业态新模式不断涌现。企业依托网上互动平台了解用户共性需求，并通过柔性生产线、模块化组件等批量生产和组装定制化产品。例如，青岛红领集团依托自主研发版型数据库、原料数据库、工艺数据库、款式数据库等，构建了大数据驱动的个性化大规模定制平台，能够实现与客户需求的充分对接。

二、我国在先进生产模式应用方面取得的历史成就

1. 数字化转型基础不断夯实

近年来，我国网络供给能力显著增强，建成了世界上最大的光纤和移动宽带网络，全面完成了光纤化改造，4G 网络覆盖城乡，5G 网络发展步伐加快。截至 2022 年 8 月，我国累计建设和开通 5G 基站 210.2 万个（见图 3-4）。我国工业互联网发展迅速，产业规模突破万亿元大关，成为推动产业数字化转型的关键支撑。当前，我国已初步建成低时延、高可靠、广覆盖的网络设施，以国家顶级节点为中心的标识解析体系实现规模化发展，平台支撑的融合应用推广迅速，基本形成央地协同联动的技术监测服务体系。目前，工业互联网标识解析五大顶级节点稳定运行，二级节点覆盖 29 个省（自治区、直辖市），已建成 150

多家工业互联网平台，形成了一定区域和行业影响力。同时，建成 7900 多万台（套）工业设备，设立 160 多万家服务工业企业。

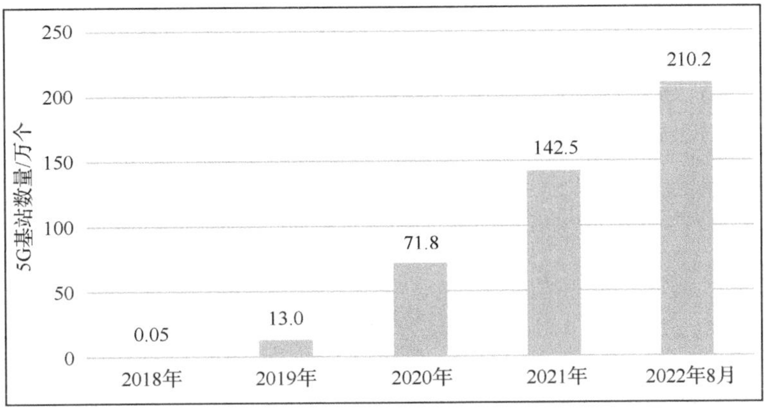

图 3-4 2019—2022 年我国 5G 基站数量

2．智能制造示范带动效应显现

近年来，智能制造装备产业受到国家高度重视，在一系列政策的支持下，智能制造装备快速发展。以工业机器人为例，相关数据显示，近几年其市场规模持续增长，到 2023 年将达 265.8 亿元（见图 3-5）。一批具有国际先进水平的数字化车间和数字化网络化工厂投入使用，其中，部分制造厂实现了深度自动化、机械化、智能化，产品质量和经济效益大幅度提高。相关调查显示，全国智能制造试点示范项目企业生产效率平均提高约 45%，产品研制周期平均缩短约 35%，产品不良品率平均降低约 35%，能源利用率平均提升约 20%，运营成本平均下降约 25%。这表明，我国智能制造试点示范工作形成了较为显著的带动效应。同时，2021 年我国重点工业企业关键工序数控化率、数字化研发设计工具普及率分别达到 55.3%和 74.7%，与 2012 年相比分别提高 30.7%和 25.9%。我国智能制造应用规模在全球处于领先地位，在石化、钢铁、建材等行业已涌现一批制造能力和智能化水平全球领先的企业。例如，涌现出海尔、美的、潍柴、三一重工等代表世界智能制造水平的“灯塔工厂”，造就了犀牛制造、红领西服、娃哈哈等全国智能制造示范工厂。

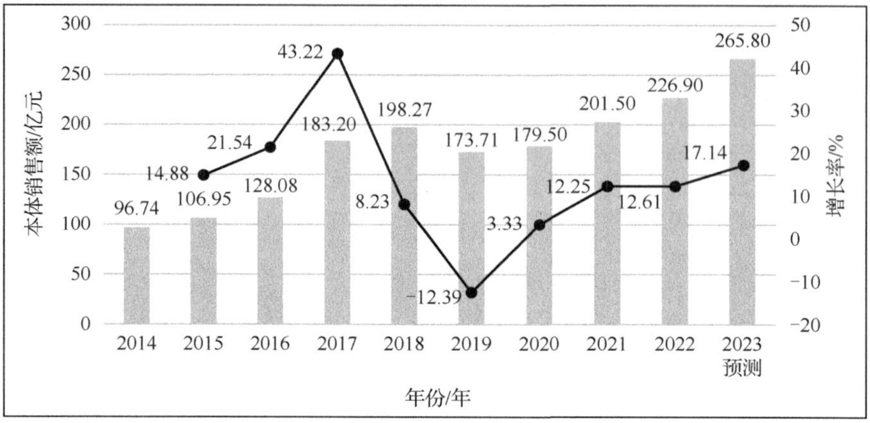

图 3-5　2014—2023 年我国工业机器人本体销售额及增长率

3．绿色制造体系初步建成

当前，绿色制造理念在全国范围推广和普及，绿色制造体系建设成效显著。在工业资源循环利用方面，已形成废钢铁、废塑料等再生资源行业规范管理体系，培育近 800 家再生资源综合利用行业骨干企业。积极推行生产者责任延伸制度，已建成覆盖全国 31 个省（自治区、直辖市）超过 1 万个新能源汽车动力电池回收服务网点。在绿色技术装备产品方面，累计推荐节能技术装备产品 3561 项、节水工艺技术装备 353 项、工业资源综合利用先进适用工艺技术及装备 350 项，推广近 2 万种绿色产品，培育国家绿色数据中心 153 个，逐步构建从基础原材料到终端消费品的全链条绿色产品供给体系。国家绿色制造示范情况见图 3-6。

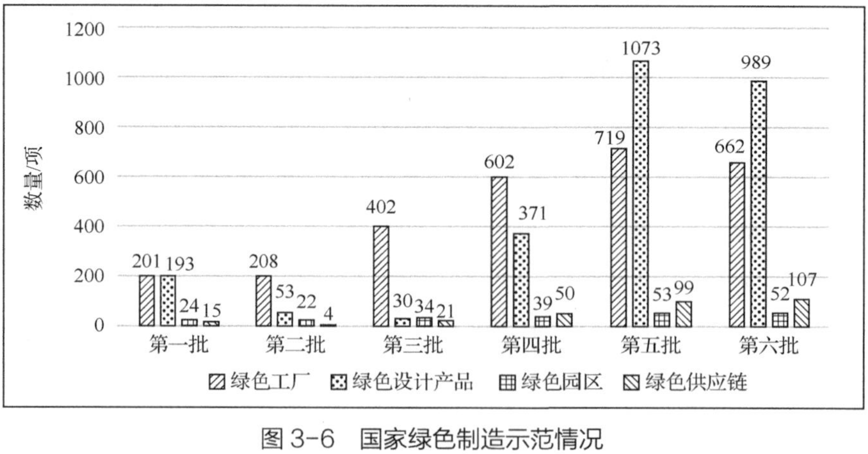

图 3-6　国家绿色制造示范情况

4．服务型制造促进新模式不断涌现

近几年，先进制造业和现代服务业融合发展迅速，已经涌现一批有利于提升制造业核心竞争力的服务模式。有研究报告指出，在全球经济下行背景下，美国、日本等发达国家的服务型制造指数均呈现下降趋势，而中国的服务型制造指数从 2016 年开始连续 5 年保持稳定增长。按照国际平均水平，制造业企业服务收入占营业收入比重约为 30%，世界 500 强中约有 20%的企业服务收入约为 50%，部分甚至达到 70%以上。中国制造业企业服务环节增值的占比持续提高，2021 年第三批服务型制造示范企业的服务营收占总营收的比重已达到 48%。

第四节　不断推动产业组织优化创新

产业组织作为企业市场关系的总和，对工业系统的分工、要素流动、产品产出等环节都具有重要影响。随着不同时期国家政策导向、国内外形势变化、新技术的出现和应用，我国产业组织形式也在不断地调整和变化。

一、各时期对产业组织优化工作的认识与重点举措

1．新民主主义革命时期：开展公私合营组织经营方式的早期探索

早在新民主主义革命时期，党就对企业的发展高度重视，在推动企业生产发展的同时，对公私合营模式进行了初步探索。1942 年 12 月陕甘宁边区高级干部会议上，毛泽东同志在会上作了《抗日时期的经济问题和财政问题》报告，报告指出，如果不发展民营经济和公营经济，我们就只有束手待毙。同时又提出，只有实事求是地发展公营和民营经济，才能保障供给。对于民营经济，毛泽东同志指出，民营经济是为了解决边区 140 万人民的生活，同时以租税的开征援助政府和军队，支持抗战建国的神圣事业。对解决边区财政困难起基础性作用的，主要是农、盐、工、畜、商等私人经济。

在这个阶段，我国企业和产业组织方面的举措主要包括两个方面。一是明确

国有经济的主导地位。1949 年 9 月 29 日，中国人民政治协商会议第一届全体会通过了《中国人民政治协商会共同纲领》，提出："国营经济为社会主义性质的经济。凡属有关国家经济命脉和足以操纵国民生计的事业，均应由国家统一经营。凡属国有的资源和企业，均为全体人民的公共财产，为人民共和国发展生产、繁荣经济的主要物质基础和整个社会经济的领导力量"。二是提出要发展混合经济。1946 年 5 月，中共中央发布《关于公营工业的发展方针》提出，除邮政、电信、兵工、铸币、铁路及大规模水力发电厂由公营企业经营外，其他公营工业可招收私人入股，或转为公私合营、公股私股同等待遇，采取股份公司制度。这是在党的领导下，关于发展股份混合经济，实施公司制治理的早期尝试。

2. 社会主义革命和建设时期：形成以中央宏观管理和国有经济为主导的产业组织形式

1949 年之后，我国建立了一批国营工业企业，为工业发展奠定了基础，党中央也加快了对产业组织形式和方式的理论探索和思考。关于国有企业，毛泽东同志指出："国有制扩大——国营企业的新建、改建、扩建。私人所有制有两种，劳动人民的和资产阶级的，改变为集体所有制和国营（经过公私合营，统一于社会主义），这才能提高生产力，完成国家工业化"。同时，国家对私营经济和外资企业也给予了高度重视。1956 年年底，毛泽东同志同工商界人士的谈话中提出，对于我国的自由市场，因为社会有需要，就发展起来。在外资方面，毛泽东同志强调，我们的方针是，一切外国人的长处，包括政治、经济、技术、文学、艺术的一切好东西都要学，但不要盲目学，要能够独立思考；对外国的东西不加分析一概排斥、不加分析一概照搬都是不正确的。

这个阶段，我国推动各类生产主体和产业组织方面的举措包括以下几个方面。在国营企业方面，我国采取以中央各专业部门管理为主的高度集中统一的组织形式。根据《中国人民政治协商会共同纲领》关于优先发展国营经济的规定和借鉴苏联的经验，我国把发展国营经济放在重要的位置。私营企业方面，通过政府或国有企业委托加工等形式，将私营工业企业生产活动纳入国家管理的经济轨道，并完善其发展政策。1950 年，我国颁布并实施《私营企业投资暂行条例》，明确了私营经济的地位。1952 年 8 月，我国发布《工商业联合会组织通则》，并于 1953 年 10 月成立了全国工商业联合会。在外资企业方面，这一时期我国引进外资主要源自苏联、东欧国家及华侨投资。在企业合作方面，1949 年左右，我国工业基础十分薄弱，门类不全，企业生产能力和生产技术水平都很低，大多数企业短期内无法形成专业化生产体系，早期的大型国有企业一般采取工艺全能厂的形式。随着我国工业的逐步恢复，为了改革和加强工业管理，1964 年试办了 12 个工业、交通托拉斯，按照专业化生产，大中小企业相结合的产业组织形式，改变了以厂矿为单位分散经营的局面，在当时取得了比较好的效果。

3. 改革开放和社会主义现代化建设新时期：加快国有企业改革，推动各类市场主体快速发展

改革开放伊始，我国就开始对各类型企业发展和产业组织方式进行深入思考和探索。关于国有企业发展，邓小平同志在 1980 年 8 月的中共中央政治局扩大会议上明确提出，要有准备有步骤地改变党委领导下的厂长负责制，可以考虑实行工厂管理委员会、公司董事会或经济联合体的联合委员会领导和监督下的厂长（经理）负责制。对于民营企业或私营企业，邓小平同志反复强调不要动，不要变，要从整个几十年的目标来看这个不变的意义。1982 年，根据邓小平同志的建议，中共中央政治局经过慎重研究后明确指出，这冲击不了社会主义，可以等一等，看一看。对于外资企业，邓小平同志在中共中央政治局会议上指出，日本为什么发展这么快，就是引进国外先进技术，引进后再加以改造提高，变为他们自己的先进技术再出口。又指出，吸收外资也好，允许个体经济的存在和发展也好，归根到底，是要更有力地发展生产力，加强公有制经济。在这个阶段，我国推动市场主体发展壮大和产业组织形式创新的重点举措包括以下几个方面。

在国营企业方面，我国以“放权让利”为切入点，加快经营机制转变。改革开放之初，我国开始扩大企业自主权试点工作，1979 年发布了《关于扩大国营工业企业经营管理自主权的若干规定》等 5 份文件，明确了企业作为相对独立

的商品生产者和经营者应该具有的责权利。1993 年 11 月，党的十四届三中全会通过的《中共中央关于建立社会主义市场经济体制若干问题的决定》，正式提出建立产权清晰、权责明确、政企分开、管理科学的现代企业制度。2003 年国有资产监督管理委员会成立，为国有企业完善公司治理结构提供了组织基础，进一步推动国有企业公司治理结构、推动国有企业并购重组等改革措施。

在民营企业方面，我国加快完善民营经济相关制度和政策体系，提高民营企业发展活力。1981 年 10 月，中共中央、国务院发布的《关于广开就业门路，搞活经济，解决城镇就业问题的若干决定》指出，今后在调整产业结构的同时，必须着重开辟在集体经济和个体经济中的就业渠道。1984 年 10 月，党的十二届三中全会作出社会主义经济是有计划的商品经济的重要论述。1988 年 6 月，国务院发布《私营企业暂行条例》。党的十六大首次提出“两个毫不动摇”，首次明确个体户、私营企业主等都是中国特色社会主义事业建设者。

在外资企业方面，我国鼓励外商投资政策制度逐步完善，对外开放领域持续扩大。1986 年，国务院发布《关于鼓励外商投资的规定》，在税收、信贷、进出口等方面提出了一系列鼓励外商投资的政策措施。我国开始利用外资，并在探索中不断扩大试点。1998 年，中共中央、国务院发布《关于进一步扩大对外开放、提高利用外资水平的若干意见》，全面阐述了利用外资在对外开放中的重要意义，提出“更多更好地利用外资，促进国民经济持续快速健康发展和社会全面进步”的指导思想。加入 WTO 之后，国际大型跨国公司快速进入我国市场，在丰富我国产品的同时，带入了更多先进的管理理念和组织模式，也加速了我国企业技术水平的提升和组织模式的变化。2010 年，国务院发布《关于进一步做好利用外资工作的若干意见》，提出“创造更加开放、更加优化的投资环境，全面提高利用外资工作水平”。

在促进企业合作方面，我国从加快对企业间合作和防止行业垄断两个方面，完善产业组织政策。1980 年，国务院颁布《关于推动经济联合的暂行规定》，鼓励各种形式的经济联合体，并规定经济联合体内部可以实行原料的直拨供应和超计划产品自销等优惠政策。1986 年，国务院颁布《关于进一步推动横向经济联合若干问题的规定》，对企业间的横向联合给予资金、项目审批等方面的政策支持。1994 年，国务院颁布《90 年代国家产业政策纲要》，对产业组织结构合理进行了原则性规定并提出，在规模经济不显著的产业鼓励小企业发展，形成大、中、小企业并存的竞争性市场结构；在产品需要大量零部件组成的产业促进大、中、小企业的专业化分工协作，形成规模适当的产业组织结构。

4．中国特色社会主义新时代：加快政策环境创新与活力释放，推动产业链条化集群化发展

十八大以来，我国发展进入新常态，党中央、国务院高度重视市场主体的发展和产业组织的创新，不断完善市场主体发展环境，推动产业组织优化创新。习近平总书记高度重视企业和企业家在国家发展中的重要作用，多次与企业家进行座谈，并发表重要讲话。面向各类市场主体和产业组织创新的实际需求，各部门相关政策不断完善，营商环境持续优化，重点举措包括以下几个方面。

在国有企业方面，我国加快了国有企业现代企业制度改革步伐，进一步完善制度环境。2015 年，中共中央、国务院发布《关于深化国有企业改革的指导意见》，提出进一步完善国有企业公司治理结构，加快发展混合所有制经济，推动国资监管模式从管资产向管资本转变。2022 年 2 月，中央全面深化改革委员会第二十四次会议审议通过了《关于推进国有企业打造原创技术策源地的指导意见》，要提升国有企业原创技术需求牵引、源头供给、资源配置、转化应用能力，打造原创技术策源地。

在民营企业方面，我国从完善体制机制、构建普惠性政策入手，优化民营企业、中小企业营商环境。中国共产党中央委员会办公厅、国务院办公厅、工业和信息化部等部门发布《促进中小企业发展规划（2016—2020 年）》《关于促进中小企业健康发展的指导意见》《保障中小企业款项支付条例》《关于健全支持中小企业发展制度的若干意见》等文件，旨在改善中小企业经营环境，维护中小企业合法权益，促进中小企业健康发展。

在外资方面，我国加快完善外资企业政策和制度，探索对外商投资实行准入前国民待遇加负面清单的管理模式、统一内外资法律法规、加快商签投资协定、改革涉外投资审批体制等改革任务，确定了外商投资促进、保护、管理的基本制度，为外商投资权益提供了更全面、更有力的法治保障，外资企业发展政策环境持续优化。

在推进产业组织方面，围绕企业兼并重组、集群与产业链供应链等重点领域，我国加快完善产业政策和环境建设。2014 年，国务院颁布《关于促进市场公平竞争维护市场正常秩序的若干意见》，明确提出要建成体制较为成熟、制度更加定型的市场监管体系。2015 年，工业和信息化部发布《关于进一步促进产业集群发展的指导意见》，提出加强规划引导、提升龙头骨干企业带动作用等 7 个方面的 20 条任务。2016 年，为规范政府有关行为，防止出台排除或限制竞争的政策措施，逐步清理并废除妨碍全国统一市场和公平竞争的规定和做法。2022 年 10 月，工业和信息化部启动首批产业链供应链生态体系建设试点工作，推动区域产业链供应链生态体系迭代升级。

二、我国在产业组织优化方面取得的历史成就

1．国企与民企融合发展项目大幅度推进

作为社会主义市场经济的重要主体，在我国宏观、中观、微观多个层面政策推动下，国有企业（简称“国企”）和民营企业（简称“民企”）综合实力大幅提升，协同发展取得积极进展和重要成效。

一是国有企业综合实力和国际竞争力显著提升，为建立起独立的、比较完善的工业体系发挥着不可替代的巨大作用。截至 2021 年年底，中央企业资产总额为 75.6 万亿元，96 家国有企业进入世界 500 强；拥有研发人员 107 万人，比 2012 年年底增长 53%，拥有两院院士 241 名，约占全国院士总数的 1/7。2021 年，中央企业拥有境外机构和项目超过 8000 个，资产总额为近 8 万亿元。10 年来，中央企业建成了 700 多个国家级研发平台、7 个创新联合体，累计投入研发经费 6.2 万亿元，年均增速超过 10%。国有企业加快提升船舶、钢铁、能源、建筑、水运、装备制造等领域竞争力，形成一批具有较高行业话语权的领军企业。

二是民营企业数量持续增多，总体规模持续增长，社会贡献持续加大，已经成为我国国民经济重要组成部分。据全国工商联报告，2022 年，我国共有 28 家民营企业入选世界 500 强企业名单。从行业分布情况看，制造业领域民营企业数量占比已达 90%以上，民间投资的比例超过 85%，民营企业已成为我国制造业的主力军。2021 年，我国私营工业企业达到 32.6 万家，资产总计达到 40.9 万亿元，利润总额为 3.2 万亿元，比 1998 年分别增长 29.5 倍、274.3 倍和 471.5 倍。除了规模和数量快速增长，工业领域民营企业的国际竞争力也明显提升，江苏沙钢、华为、恒力集团、海尔智家、美的集团、珠海格力等企业掌握了关键领域核心技术，已成长为国内外具有重要行业影响力的大企业集团。2000—2021 年我国私营工业企业经营变化情况见图 3-7。

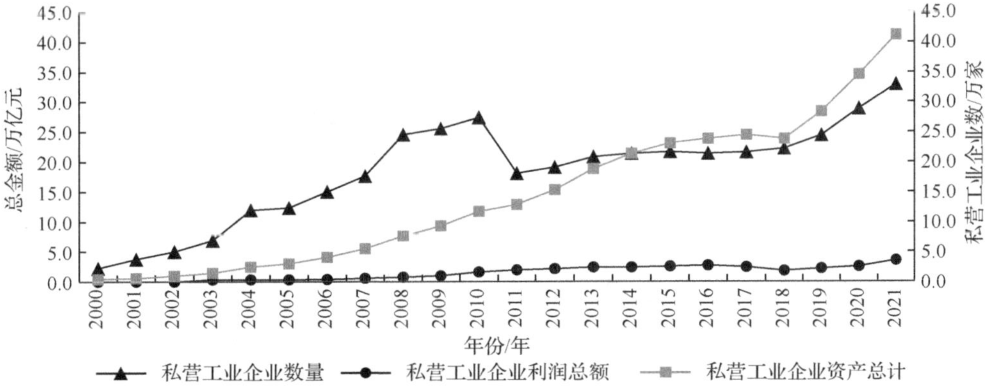

图 3-7　2000—2021 年我国私营工业企业经营变化情况

三是国企、民企两种企业加快融合发展。根据国有资产监督管理委员会发布的《中央企业高质量发展报告（2022）》，中央企业（简称“央企”）中混合所有制企业数量占比超过 70%，非公资本占央企所有者权益比重逾 38%。截至 2021 年年底，中央企业上市公司贡献了央企系统约 66.5%的营业收入和 77.9%的利润总额。除民营资本入股国有企业外，双向混合所有制改革项目不断增多，国有资本入股民营企业的“逆向混改”现象越来越普遍。根据孙亮和刘春等人的研究，我国民营上市公司引入国有股东推进自身股权多元化的数量逐年增多，通过引入国有股东实现民营企业“混改”的上市公司占比始终保持在 60%以上。

2．大企业与中小企业融通发展持续推进

一是工业领域大企业经济实力不断增强，发展质量持续提升，已经成为我国参与国际竞争的主力军。2021 年，我国大中型工业企业营业收入达到 83.9 万亿元，比 2000 年提高了 15.7 倍；利润总额达到 6.7 万亿元，比 2000 年提高了 20 倍；资产总计 99.6 万亿元，比 2000 年提高了 10.4 倍。在创新方面，2021 年，大中型工业企业 R&D 经费达到 1.23 万亿元，比 2000 年提高了 33.8 倍，有效发明专利达到 101.9 万件，新产品销售收入达到 22.2 万亿元，在我国经济社会发展中发挥着重要作用。2000—2021 年我国工业大中型工业企业经营变化情况见图 3-8。

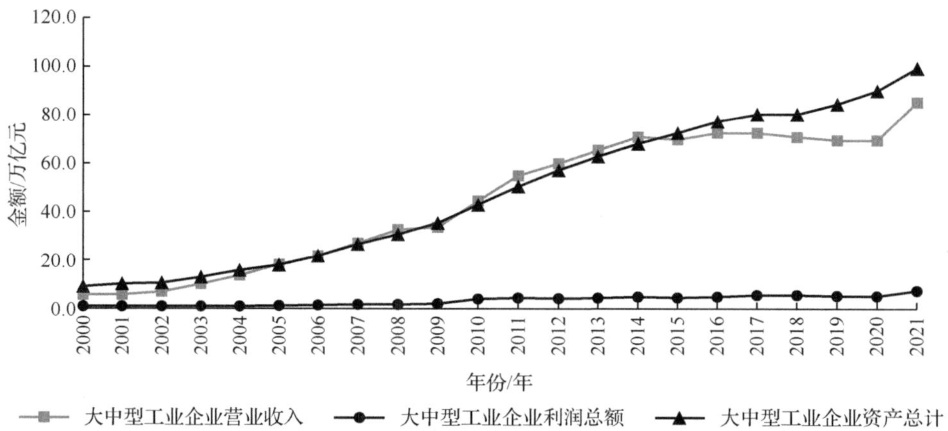

图 3-8　2000—2021 年我国工业大中型工业企业经营变化情况

二是中小企业已经成为我国国民经济和社会发展的生力军，在扩大就业、改善民生、促进创业创新等方面发挥了重要作用。我国中小企业具有“56789”典型特征，即中小企业贡献 50%以上的税收，创造 60%以上的国内生产总值，完成 70%以上的技术创新，提供 80%以上的城镇劳动就业，以及占据 90%以上的企业数量。尤其是近 10 年，我国中小企业的发展取得非凡成就，成为中国经济发展的生力军。2021 年，我国规模以上的工业中小企业户数达到 40 万户，营业收入超过了 75 万亿元，利润总额达到 4.7 万亿元，较 2012 年分别增长了 23.5%、38.7%、37.1%。近年来，我国中小企业专业化、特色化发展成效显著，创新能力加速提升。党的十八大以来，我国累计培育 8997 家专精特新“小巨人”企业、

6 万多家“专精特新”中小企业。2021 年，专精特新“小巨人”企业利润率为 10.6%，较规模以上工业中小企业高 4.4 个百分点，成为多个领域的“行业专家”和“配套专家”。

3．外资企业已成为我国市场经济重要组成部分

大量的外资企业在我国投资设厂，既丰富了我国制造业产品品种、增加本土就业，又带动我国企业的经营能力，提升了我国制造国际化水平。2021 年，我国制造业吸收外资 337.3 亿美元（约合人民币 2322 亿元），同比增长 8.8%；制造业外商投资项目 4455 个，同比增长 19.4%；现有外商投资企业 12.6 万家，与 2020 年基本持平。同时，我国在外商投资政策和制度方面也进一步完善。我国连续缩减外资准入负面清单，全国和自贸试验区限制措施条目分别缩减至 31 条、27 条，在制造业、采矿业、农业、金融业等领域推出了一系列重大开放措施。我国加大清理与外商投资法不符的法规、规章和规范性文件力度，累计推动 500 多份文件“立改废”，充分保障了外资企业公平竞争待遇。值得注意的是，以往由于我国的土地、能源等生产成本较低，很多外资企业将我国作为制造基地进行生产。近年来，我国生产成本持续提升，部分外资企业在我国的利润明显下降，目标市场在其他国家的部分外资企业关闭了其在中国的工厂，对我国制造业领域外商投资规模有一定影响。不过，总体来看，这些外资企业的关闭对社会就业会有短期的冲击，但对我国产业链供应链的稳定性不会造成太大影响。

4．产业组织形式和效率大幅提升

近年来，数字技术和互联网的高速发展，使企业中相对独立的业务结构单元更容易被分解出来，生产单元逐步细化，企业专业化、精细化程度逐步提升。产业边界也日益模糊，生产组织日益呈现柔性、弹性等特征。同时，网络技术可以把分散在不同领域和不同主体的信息联结起来，产业上下游联系更为紧密，推动形成了企业的平台化和生产布局的链群化等新的生产组织形式。企业的平台化是指越来越多的大型企业将自身复杂的企业架构进行简化，形成多个独立的生产和决策单元，提高技术创新和生产执行的效率。例如，海尔提出“去中

心化”策略，打破传统企业的科层制，将企业部分打散为几千个小微组织，员工在小微组织内成为创客，将多层次组织转化为只有“平台主”“小微主”“创客”的平台。生产布局的链群化是指为提高竞争力、降低生产成本，各类生产要素、市场主体加快空间和行业布局调整，形成一批关系更为紧密的产业链和产业集群。与传统的园区的组织形式相比，产业的链群化效率更高，韧性也更强。例如，湖南株洲轨道交通制造基地超过 70%的零部件可在本地配套。中车株洲电力机车有限公司董事长提出，只需一杯咖啡的时间，就可集齐生产一台电力机车所需的上万个零部件。

第五节　持续深化改革创新政府治理方式

一、各时期对工业领域政府治理创新工作的认识和重点举措

回顾我国工业经济发展的模式，也是从工业管理向工业治理转变的过程，大体可以分为三个时期。

1．在改革开放之前，主要采取高度计划经济的工业管理方式

新中国成立初期，百废待兴，亟待解决的首要问题是国民经济的恢复和建设。在 1951 年的中共中央政治局扩大会议上，毛泽东同志提出“三年准备、十年计划经济建设”的思想。国家为了迅速恢复和发展生产，工业管理权限高度集中于中央政府部门，通过党中央集中统一领导调整不合理的企业布局、规范混乱的企业管理制度、利用有限资源完成重点生产建设任务等。但这也限制了地方行政机关和企业主管人员在工作方面的主动性和积极性，其中，地方政府只能按照中央计划指令要求，进行工业领域的物资、财务和人事管理；企业的生产指标和技术指标都要严格执行行政主管部门要求。1956 年，毛泽东同志基于实地调查研究，就社会主义革命和建设时期中的重大问题形成了《论十大关系》，提出要从中国实际出发，走自己的发展道路。党的八大要求，“应该根据需要和可能，合理地规定国民经济的发展速度，把计划放在既积极又稳妥可靠

的基础上，以保证国民经济比较均衡地发展。”这次会议充分讨论了非公有制经济成分合法存在和发挥作用的问题，一定程度上突破了过去高度集中统一的计划经济模式。1957 年，国务院印发《关于改进工业管理体制的规定》，要求适当地扩大地方政府在工业管理方面的权限和企业主管人员对企业内部的管理权限。回顾这一时期我国的工业管理，主要是通过编制五年计划、制定年度生产计划目标、下达生产计划指令等方式，基本实现依靠自己的力量，为国民经济各部门和国防建设提供越来越多的技术装备，为人民生活提供必要的日用品。这一时期，我国工业管理手段主要有两种。

一是编制中长期远景设想和五年计划。“社会主义经济在国民经济中的领导作用和领导地位，随着我国人民民主专政的日益巩固，已经在恢复时期大大地加强起来，因而也就大大地为我国实行计划经济开辟了道路，并需要我们着手制定发展国民经济的长期计划。”[①]在此背景下，党中央领导制定了“一五”计划（1953—1957 年），其中的一项基本任务就是“集中主要力量进行以苏联帮助我国设计的一百五十六个单位为中心的、由限额以上的六百九十四个建设单位组成的工业建设，建立我国的社会主义工业化的初步基础”，并为工业部门配套了“二百四十八亿五千万元”投资，占基本建设投资的“百分之五十八点二”，以期实现主要工业品的建设规模和五年内增加的年产能，具体如表 3-2 所示。1954 年，国家计划委员会下发《编制十五年远景计划的参考材料》，请中央各部门结合具体情况编制十五年远景计划，并于 1955 年形成了十五年远景计划的草案，同时提出根据十五年远景计划，编制第二个五年计划。1957 年，国家计划委员会提交《关于第一个五年计划执行情况和十五年远景计划及第二个五年计划的基本任务》的报告，初步方案：工农业总产值年平均递增速度，“二五”16.9%、“三五” 11.3%、15 年 12.2%。由于 1959 年提前完成了第二个五年计划的任务指标，因此 1960 年中央印发《关于 1960 年计划和今后 3 年、8 年设想的口头汇报提纲》，提出用 8 年时间建成全国独立的经济体系，基本上完成“四个现代化”。1962 年，中共中央向各部门和各地方转发了李富春《关于编制长期规划的建议》，

① 《关于发展国民经济的第一个五年计划的报告》，中国政府网。

即“编制一九六三年至一九七二年的十年长期规划”，其中，“前五年，即第三个五年，搞得细一些，要做分年分地区的安排；后五年，即第四个五年，搞得粗一些，只是一个大体的轮廓。”

表 3-2 “一五”期间主要工业品的建设规模和五年内增加的年产能

主要工业品	全部建成后增加的年产能	五年内增加的年产能
铁	五百七十五万吨	二百八十万吨
钢	六百一十万吨	二百五十三万吨
电	四百零六万千瓦	二百零五万千瓦
原煤	九千三百一十万吨	五千三百八十五万吨
冶金机械和矿山机械	十九万吨	七万吨
汽车	九万辆	三万辆
化学肥料	九十一万吨	二十八万吨
水泥	三百六十万吨	二百三十六万吨
棉纺锭	一百八十九万枚	一百六十五万枚
机制纸	十八万六千吨	九万五千吨
机制糖	五十六万吨	四十二万八千吨

二是开展国民经济年度评估并制定次年计划草案。原国家计划委员会（现为国家发展和改革委员会）每年都要对国民经济计划执行的基本情况及次年国民经济计划作出安排并向中央报告。例如，在《关于 1956 年度国民经济计划的执行结果和 1957 年度国民经济计划草案的报告》中，总结了 1956 年社会主义建设事业取得的成就。其中，全国工业总产值完成了 586.6 亿元，同比增长 31%。在工业总产值中，生产资料的产值为 291.7 亿元，同比增长 41.7%；消费资料的产值为 294.9 亿元，同比增长 22%；机器制造业的产值为 57.6 亿元，同比增长 90.2%；手工业的产值为 117 亿元，同比增长 16%。在“五年计划”所列的 46 种主要工业产品中，已经有生铁、钢、钢材、氢氧化钠、碳酸钠、硝酸铵、青霉素、氯霉素等 27 种产品的产量，提前一年完成或超额完成。我国试制成功的新的工业产品达 1200 多种，其中，喷气式飞机、载重汽车、15000kW 的全套水轮发电设备、12000kW 的汽轮机和汽轮发电机、单轴自动车床、耐高热合金钢等，都是运用了当时世界上新的技术在我国第一次生产的产品。在 1956 年度国民经济发

展的基础上，还编制了 1957 年度的国民经济计划草案，提出 1957 年计划安排工业生产总产值为 603.4 亿元，同比增长 4.5%。其中，生产资料产值为 311.3 亿元，同比增长 8%；消费资料产值为 292.1 亿元，同比增长 1.1%。1957 年计划安排的主要产品的产量和增速见表 3-3。

表 3-3 1957 年计划安排的主要产品的产量和增速

生产资料主要产品	产 量	同比增速	消费资料主要产品	产 量	同比增速
电力	188.6 亿度	13.7%	棉纱	463.5 万件	88.3%
原煤	11727 万吨	10.7%	棉布	50 亿米	85.3%
原油	150 万吨	29%	麻袋	7814 万条	99.3%
生铁	555.4 万吨	16.3%	面粉	503 万吨	0.2%
钢	498.7 万吨	11.7%	食糖	87.4 万吨	8.3%
钢材	447.8 万吨	17%			
氢氧化钠	17.8 万吨	13.8%			
硫酸铵	49.9 万吨	11.8%			
水泥	680.7 万吨	6.5%			
蒸汽锅炉	4019.7 蒸发量吨	33%			
汽轮机	14.35 万千瓦	19.1%			
发电机	28.4 万千瓦	98.9%			
变压器	359.8 万千伏安	26.4%			
金属切削机床	22640 台	2.7%			
载重汽车	7000 辆	324.8%			
原木	2506 万立方米	21.9%			

2. 从改革开放到 20 世纪 90 年代，在对计划经济的反思中探索市场经济模式

我国在高度集中的计划经济体制下实现了特殊时期的经济发展，但后期“大干快上”的高指标计划造成了国家财政困难和国民经济比例失调的情况。1978 年，在中央工作会议闭幕会上，邓小平同志做了《解放思想，实事求是，团结一致向前看》的报告，明确指出“现在我国的经济管理体制权力过于集中，应该有计划地大胆下放，否则，不利于充分发挥国家、地方、企业和劳动者个人四个方面的积极性，也不利于实行现代化的经济管理和提高劳动生产率。”1978 年年底

党的第十一届三中全会提出，现在我国经济管理体制的一个严重缺点是权力过于集中，应该有领导地大胆下放，让地方和工农业企业在国家统一计划的指导下有更多的经营管理自主权。1982 年党的十二大召开，邓小平同志在开幕式上指出，“今后一个长时期，至少是到本世纪末[①]的近二十年内，要抓紧进行经济体制改革和机构改革，要坚定不移地实行对外开放政策。”1984 年，在党的十二届三中全会上一致通过《中共中央关于经济体制改革的决定》，指出社会主义经济是公有制基础上的有计划的商品经济。党的十三大报告进一步提出，必须以公有制为主体，大力发展有计划的商品经济。这一时期，工业经济管理手段从“计划经济为主、市场调节为辅”，逐步转向“有计划的商品经济”，力图使计划手段与市场经济手段相统一。这一阶段，我国工业管理的方式有了新的变化。

一是对国民经济进行调整、改革、整顿、提高。1979 年，陈云在《计划与市场问题》一文中提出，整个社会主义时期的经济必须有两部分，即基本的主要的计划经济部分和从属的次要的必需的市场调节部分，要有意识地认识到这两部分经济同时并存的必然性和必要性，弄清它们在不同部门应占有不同的比例。同年《国务院政府工作报告》正式宣布：“从今年起集中三年的时间，认真搞好国民经济的调整、改革、整顿、提高，把它逐步纳入持久的按比例的高速度发展的轨道。”但对 1979 年 6 月—1980 年 9 月第一阶段的调整，邓小平同志评价说“因全党认识很不一致，也很不深刻，所以执行得很不得力”，国家计划委员会在汇报中指出，“工业企业的调整工作进展缓慢。一些质量差、消耗高、有亏损的企业，该转的没有转，该并的没有并，该停的没有停。”一直到 1980 年 12 月，中共中央召开工作会议，确定了经济上进一步调整、政治上进一步安定的方针。1981 年 1 月中共中央以 1 号文件的形式，拉开了国民经济调整的序幕。党的十二大报告《全面开创社会主义现代化建设的新局面》指出，“在 1981 年到 1985 年的第 6 个 5 年计划期间，要继续坚定不移地贯彻执行调整、改革、整顿、提高的方针，厉行节约，反对浪费，把全部经济工作转到以提高经济效益为中心的轨道上来。”1982 年，在第五届全国人民代表大会第五次会议上的报告

① 即 20 世纪末。

《关于第六个五年计划的报告》指出，“我国国民经济的调整工作进入了一个新的更加深入的阶段。现在的调整工作，就是要在统筹安排人民生活和生产建设的前提下，进一步调整农业、工业内部的产业结构和产品结构，调整企业的组织结构，使国民经济在稳定发展中大大提高经济效益。”

二是以扩大企业自主权为中心的经济体制改革。国民经济发展的关键是企业，但当时扩大企业自主权面临两个方面的阻力，一方面是企业上面的“婆婆”太多，从中央到地方，各级部门对企业干预过多；另一方面是部分企业受计划经济影响，存在“等靠要”思想。为了改变这种状况，国家计划委员会在1977年向中共中央提交了《经济计划汇报要点》《关于加快工业发展的若干问题》（简称“工业30条”），这两份文件都涉及工业管理体制问题，改革重点是改组工业建立各种企业性的公司和给企业放权让利。1978年国务院务虚会提出，在今后的改革中一定要给各企业以必要的独立地位，搞活企业，扩大企业自主权。1979年国务院连续出台《关于扩大国营工业企业经营管理自主权的若干规定》《关于国营企业实行利润留成的规定》《关于开征国营工业企业固定资产税的暂行规定》《关于提高国营工业企业固定资产折旧率和改进折旧费用使用办法的暂行规定》《关于国营工业企业实行流动资金全额信贷的暂行规定》五个文件，率先在首钢等八个企业进行了扩大企业自主权试点。随后试点在全国逐步展开，试点企业开展了多种形式的盈亏包干责任制和计分工资制、计件工资制、浮动工资制等办法，把生产责任制同经济效益结合起来，逐渐形成责权利相结合的经济责任制。1980年国家经济贸易委员会（现已并入商务部）向国务院提交了《关于扩大企业自主权试点工作情况和今后意见的报告》，全面系统地总结了1979年—1980年6月底全国扩大企业自主权的情况，报告指出，试点企业数量总计6600多个，约占全国预算内工业企业总数的16%，但试点后产值达到总产值的60%左右，利润达到总利润的70%左右。其中，上海、天津试点企业的利润达到总利润的80%以上。虽然企业试点取得了明显效果，但这仅仅是起步。为使企业在人、财、物，以及产、供、销等方面拥有更大的自主权，国家经济贸易委员会于1981年提出一些新的试点项目，如“企业独立核算，国家征税，自负盈亏”试点、计划自主权试点、固定资产和流动资金有偿占有试点、固定资产和流动资金有偿占有试点等。这些为企业扩权让利的试点在一定程度上让企业有了一定的经营管理自主权，调动了企业的积极性，也为企业发展注入了更多的活力。

3．从20世纪90年代至今，强调市场起决定性作用

1992年，江泽民同志在中央党校省部级干部进修班上指出，“充分发展的商品经济，必然离不开充分发育的完善的市场机制。那种认为市场作用多了，就会走上资本主义道路的担心，是没有根据的和不正确的。”这些思想为党的十四大深化改革奠定了基础，在党的十四大报告中明确提出，经济体制改革的目标，是在坚持公有制和按劳分配为主体、其他经济成分和分配方式为补充的基础上，建立和完善社会主义市场经济体制。1993年宪法修正案把第十五条“国家在社会主义公有制基础上实行计划经济。国家通过计划经济的综合平衡和市场调节的辅助作用，保证国民经济按比例协调发展”修改为“国家实行社会主义市场经济。国家加强经济立法，完善宏观调控”。党的十八届三中全会提出，“经济体制改革是全面深化改革的重点，核心问题是处理好政府和市场的关系，使市场在资源配置中起决定性作用和更好发挥政府作用”，开创了我国改革开放的崭新局面。自此，中国“在市场作用和政府作用的问题上”，强调用好“看不见的手”和“看得见的手”，努力形成市场作用和政府作用有机统一、相互补充、相互协调、相互促进的格局。党的十九届四中全会通过了《中共中央关于坚持和完善中国特色社会主义制度推进国家治理体系和治理能力现代化若干重大问题的决定》(以下简称《决定》)，强调“必须坚持社会主义基本经济制度，充分发挥市场在资源配置中的决定性作用，更好发挥政府作用，全面贯彻新发展理念，坚持以供给侧结构性改革为主线，加快建设现代化经济体系”，明确提出“把我国制度优势更好转化为国家治理效能，意义十分重大。”习近平总书记进一步指出：“治理和管理一字之差，体现的是系统治理、依法治理、源头治理、综合施策。”自此，我国治理体系现代化迈出了崭新的步伐。在这个阶段，我国政府治理方面的举措主要包括以下两个方面。

一是推行工业管理的大部门制改革。这一时期工业管理部门进行了数次改革。1993 年改革的重点是转变政府职能，核心是政企分开，由政府直接管理企业生产经营转向间接管理。通过此次改革，撤销能源部，设立电力工业部、煤炭工业部；撤销机械电子部，设立机械工业部、电子工业部；撤销航空航天部，组建国家航空工业总公司、航天工业总公司；撤销商业部、物资部，设立国内贸易部；轻工部、纺织部被分别改为轻工总会、纺织总会。改革后仍有 6 个政府部门分管专业领域，它们是电力工业部、机械工业部、冶金工业部、煤炭工业部、电子工业部、化学工业部。1998 年出台《关于国务院机构改革方案的决定》，很多与计划经济相关的工业管理部门，在这次改革中被调整、撤并和精简。其中，煤炭工业部、机械工业部、冶金工业部、国内贸易部、轻工总会和纺织总会被分别改组为国家煤炭工业局、机械工业局、冶金工业局、国内贸易局、轻工业局和纺织工业局，由国家经济贸易委员会管理；电力行业已经组建国家电力公司，不再保留电力工业部，其政府职能并入国家经济贸易委员会；化学工业部、石油天然气总公司、石油化工总公司的政府职能合并，组建国家石油和化学工业局，由国家经济贸易委员会管理；国家建筑材料工业局交由国家经济贸易委员会管理。通过这次改革，工业管理部门开始发挥宏观调控职能，以制定行业规划和行业政策为主要手段，进行行业管理、引导行业的结构调整，维护行业的平等竞争秩序。2003 年，我国进行第五次政府机构改革。虽然这次改革涉及的政府机构数量变化不大，但对工业管理产生了比较大的影响，主管工业发展的国家经济贸易委员会被撤销，相关职能并入国家发展和改革委员会，我国第一次出现了由国家宏观经济管理部门代行工业管理职能的局面。后来的实践证明，对国民经济的综合管理不能代替对工业行业的管理，这一管理模式难以适应我国工业化快速推进的发展要求。因此，2008 年，中共中央、国务院印发《关于深化行政管理体制改革的意见》，将国家发展和改革委员会有关工业行业管理职责、国防科学技术工业委员会核电管理以外的职责、信息产业部和国务院信息化工作办公室的职责进行整合，统一划归新成立的工业和信息化部，自此开启了工业大部门制管理。工业和信息化部成立后，认真贯彻落实党中央、国务院的决策部署，大力推进产业结构调整和发展模式转变，推进信息化和工业化深度融合，实现了工业通信业的平稳增长。

二是深化工业领域“放管服”改革。工业和信息化部认真落实国务院关于“放管服”改革的部署，将“放管服”改革纳入全面深化改革台账进行统一部署、统一督办、统一考核，有序推进“放管服”改革工作。其一是推动重点领域的简政放权。自党的十八大以来，工业和信息化部行政审批事项已压减一半以上，非行政许可审批事项全部取消，其中“十三五”期间，工业和信息化部取消、下放、调整行政审批事项10项。例如，在信息通信行业，印发《关于深化信息通信领域“放管服”改革的通告》，从减少申请材料、优化行政审批服务、规范行政检查等六个方面提出了改革举措。其二是加强和规范事中事后监管。“十三五”期间，工业和信息化部不断创新监管方式，以“后端管好”促进“前端放开”。2018年印发了《工业和信息化部“双随机一公开”监管实施办法》，在通信建设、监控化学品、民用爆炸物品、电子认证服务、信息通信服务、互联网管理、无线电等主要领域均已实现“双随机一公开”监管全覆盖。其三是持续提升政务服务水平。“十三五”期间，工业和信息化部组织清理证明事项，取消部门规章和规范性文件等设定的证明事项38项。推进“互联网+政务”，建立“互联网+中小企业”“互联网+绿色制造”等公共服务平台。在门户网站上线行政许可事项网上“一个窗口”受理系统，开通12381公共服务电话平台，推进行政许可事项办理线上线下融合，切实提升政务服务水平。

二、我国在工业领域政府治理创新方面取得的历史成就

我国在工业领域政府治理方面取得的成就集中体现在“四管两加强”，其中“四管”指的是宏观层面管战略、管规划、管政策、管标准，“两加强”指的是微观层面加强服务行业、加强服务企业，保障工信事业高质量发展。

1．在战略方面，提出了制造强国和网络强国两大战略

党的十八大以来，以习近平同志为核心的党中央立足治国理政全局和民族复兴大业，就大力振兴制造业、加快制造强国和网络强国建设提出一系列新论

述，引领和推动工业和信息化发展取得了新的辉煌成就。

关于制造强国建设，工业和信息化部在制造强国战略中提出了“三步走”目标：力争用第一个十年时间，迈入制造强国行列；到 2035 年，我国制造业整体达到世界制造强国阵营中等水平；新中国成立一百年时，制造业大国地位更加巩固，综合实力进入世界制造强国前列。关于网络强国建设，工业和信息化部贯彻落实习近平总书记要求[①]，不断加强信息基础设施建设，扎实推进网络提速降费，加强关键核心技术攻关，健全网络安全保障体系，推动信息技术与经济社会各领域深度融合。

2．在规划方面，落实党中央国务院决策部署出台工信领域系列专项规划

围绕国民经济和社会发展的五年规划纲要提出的要求，工业和信息化部组织专业力量，开展工信领域的系列专项规划编制。以“十三五”时期为例，工信领域形成了“1+X”规划体系，其中“1”是指制造强国战略，“X”是指 11 个配套的实施指南、行动指南和发展规划指南，包括国家制造业创新中心建设、工业强基、智能制造、绿色制造、高端装备创新等 5 大工程实施指南，发展服务型制造和装备制造业质量品牌 2 个专项行动指南，以及新材料、信息产业、医药工业和制造业人才 4 个发展规划指南。编制“1+X”规划体系的目的，就是要通过加强政府引导，凝聚行业共识，汇集社会资源，围绕重点、破解难点，着力突破制造业发展的瓶颈短板，抢占未来竞争制高点。

3．在政策方面，服务工业经济高质量发展出台系列政策文件

工业和信息化部不断深化“放管服”改革，强调发挥市场在资源配置中的决定性作用，同时也强调更好发挥政府作用，在结构调整、产业转移、兼并重组等领域出台了一系列政策文件。以淘汰落后产能为例，为贯彻落实《国务院关于进一步加强淘汰落后产能工作的通知》（国发〔2010〕7 号）、《国务院关于

① 建设网络强国的战略部署要与“两个一百年”奋斗目标同步推进，向着网络基础设施基本普及、自主创新能力显著增强、信息经济全面发展、网络安全保障有力的目标不断前进。来源：《习近平：把我国从网络大国建设成为网络强国》，国务院新闻办公室网站，2014 年 2 月 28 日。

化解产能严重过剩矛盾的指导意见》(国发〔2013〕41 号),做好"十三五"淘汰落后产能工作,工业和信息化部联合国家发展改革委等 15 个淘汰落后产能工作部际协调小组成员单位于 2017 年出台了《关于利用综合标准依法依规推动落后产能退出的指导意见》,以钢铁、煤炭、水泥、电解铝、平板玻璃等行业为重点,严格落实"四法一政策"(《节约能源法》《环境保护法》《产品质量法》《安全生产法》4 部法律和《产业结构调整指导目录》产业政策)关于淘汰落后产能的规定,完善以能耗、环保、质量、安全、技术为主的综合标准体系,严格常态化执法和强制性标准实施,形成多标准、多部门、多渠道协同推进工作格局,建立市场化、法治化淘汰落后产能长效机制。在政策引导下,"十三五"时期钢铁行业化解过剩产能取得显著成效,压减过剩产能超过 1.5 亿吨,取缔"地条钢"产能超过 1.4 亿吨,产业结构不断优化,"劣币驱逐良币"的现象得到根本性改观。

4. 在标准方面,推动工业领域标准化体系建设由数量规模型向质量效益型转变

工业和信息化部高度重视工业重点领域的标准化体系顶层设计、平台建设和国际化水平提升。以智能制造标准化工作为例,"十三五"以来,工业和信息化部先后发布三版《国家智能制造标准体系建设指南》,船舶、石化、建材、纺织等 14 个细分行业构建了智能制造标准体系。建成了近 200 个标准试验验证平台,发布 300 余项国家标准,基本覆盖生产制造全流程各环节;先后成立中德智能制造/工业 4.0 标准化工作组和国际电工委员会智能制造系统委员会中国专家委员会,主导制定智能制造国际标准 42 项,中德智能制造/工业 4.0 标准化工作组达成共识 102 项,发布合作成果 14 项,我国智能制造标准化国际影响力显著提升。"十四五"时期,工业和信息化部将继续实施智能制造标准领航行动,定期修订《国家智能制造标准体系建设指南》,加快细分领域智能制造标准体系建设,以及基础共性、关键技术、行业应用标准制修订和试验验证,开展智能制造标准应用试点工作,形成国家标准、行业标准、团体标准协调配套的标准群,推动智能制造标准化工作走深走实。

5．在服务行业和服务企业方面，多措并举解决行业和企业发展中面临的突出问题

行业和企业的持续健康发展是稳定经济增长、保持经济活力的重中之重。工业和信息化部始终以服务行业和服务企业的现实需求、解决行业和企业的实际困难为己任，急行业所急，想企业所想，全力以赴做好服务保障工作。以2020—2022 年服务企业复工复产为例，受新冠疫情冲击，很多企业的正常生产经营受到影响，工业和信息化部迅速做出工作部署，先后印发《关于应对新型冠状病毒肺炎疫情帮助中小企业复工复产共渡难关有关工作的通知》《关于运用新一代信息技术支撑服务疫情防控和复工复产工作的通知》《工业和信息化部办公厅关于做好宽带网络建设维护助力企业复工复产有关工作的通知》《关于有序推动工业通信业企业复工复产的指导意见》《关于开展产业链固链行动 推动产业链协同复工复产的通知》《关于开展 2020 年中小企业公共服务体系助力复工复产重点服务活动的通知》等政策文件，为企业稳定生产和复工复产，确保产业链供应链畅通，促进工业经济平稳运行做出了突出贡献。

第四章 | Chapter 4

新时代推进工业现代化面临的形势与问题

当前，世界百年未有之大变局加速演变，全球制造业格局加速调整，工业发展的国际环境更趋复杂。我国正处于迈上全面建设社会主义现代化国家新征程、向第二个百年奋斗目标进军的关键时刻，推进工业现代化面临诸多机遇，同时存在许多潜在的风险挑战和突出问题，这都是我国推进工业现代化进程中需要重点把握的方面。

第一节　我国工业现代化面临的机遇

党的二十大报告提出，“当前，世界百年未有之大变局加速演进，新一轮科技革命和产业变革深入发展，国际力量对比深刻调整，我国发展面临新的战略机遇。”“风物长宜放眼量”，推进工业现代化，必须客观、全面、充分把握我国发展面临的机遇，并将其最大程度转化为工业发展的优势条件。

一、新一轮科技革命和产业变革进入应用拓展期，我国产业升级与之形成历史性交汇

1．新科技革命为科技跨越式发展带来机遇

从历次科技革命演进历程来看，科技革命是建立在新的科学和技术知识基础上的创新，是以科学领域的新发现、技术的新突破为先导，引发各学科领域群发性、系统性的突破及技术轨道的变迁，将对传统知识基础造成强烈冲击，引发科技竞争格局的深刻变化。例如，第一次科技革命使大机器生产成为工业生产的主要方式，带动社会面貌发生翻天覆地的变化。当前，我国面临第四次科技革命的历史机遇，在5G、量子、第三代半导体等部分领域具有一定的技术优势，带动了产业的不断升级。伴随科技革命带来知识结构的变化，将为我国带来科技跨越式发展的机遇。

2．新科技革命为产业转型升级带来机遇

在新科技革命浪潮下，下一代信息技术、大数据、物联网、人工智能等新

技术向工业领域转移扩散，逐步涌现智能制造、绿色制造、共享制造、个性化定制、柔性制造等新生产方式，改变了传统的生产模式、组织模式、管理模式和商业模式。各国正在力图通过新技术与制造业的融合发展争夺全球制造业“制高点”，我国制造业发展面临乘势而上实现产业转型升级和抢占全球价值链中高端的发展机遇。

3．新科技革命为转变发展方式带来机遇

新一轮科技革命引发的数字转型对科技、经济、社会带来巨大影响，更为我国转变发展方式提供了战略机遇。党的十九大报告提出，创新是引领发展的第一动力，是建设现代化经济体系的战略支撑。党的二十大报告提出，必须坚持科技是第一生产力、人才是第一资源、创新是第一动力，深入实施科教兴国战略、人才强国战略、创新驱动发展战略，开辟发展新领域新赛道，不断塑造发展新动能新优势。同时提出，坚持把发展经济的着力点放在实体经济上，推进新型工业化，加快建设制造强国、质量强国、航天强国、交通强国、网络强国、数字中国。要实现上述目标，必须集中力量推进科技创新，紧紧抓住新一轮科技革命和产业变革机遇，真正把创新驱动发展战略和新发展理念落到实处。

二、国内消费升级步伐仍在加快，给工业现代化形成更加适应需求侧的供给体系带来机遇

1．高端消费需求越来越庞大

国泰君安证券认为，中国拥有 14 亿人口规模和超过 4 亿中等收入群体，对应着全球最庞大的内需市场和消费潜力，这 4 亿中等收入群体的消费偏好正在发生明显变化。例如，在选择商品时越来越注重品牌、崇尚健康、追求时尚、彰显个性，对商品品质的要求大大提升，更愿意为高端消费品和更好的服务体验支付溢价。尤其是近几年，居民财富分化速度加快，消费能力出现显著分化。其中，高端消费持续景气，低端消费保持平稳，中档消费持续疲软。京东超市《Z 世代酒饮消费报告》显示，高端白酒线上消费趋势明显，800 元及以上产品

占比为 70%。调研机构 GfK 中国家电事业部表示，近 5 年来，万元以上空调、冰箱，6 千元以上洗衣机，3 千元以上吸尘器等产品，销量大幅增加。2020 年以来，我国高端家电销量不降反增，以复式滚筒洗衣机为例，2020 年其销售占比已达到整个洗衣机市场的 15%。

2．健康消费需求越来越显著

英敏特《2021 中国消费者》报告显示，消费者具备强烈的健康意识，更重视工作与生活的平衡；他们也更有责任意识，希望自己的日常工作对社会有所贡献。京东超市携手 Keep 发布的《Z 世代健康食品消费趋势报告》显示，在全国主要城市中，“北上广深”男性和女性都爱好身材，“上广深”男性、北京女性的低脂低卡食品消费能力更强，低脂低卡食品深受消费者喜爱。京东“双十一”战报显示，低脂低卡食品新品实现 4～20 倍增长。麦肯锡调研数据显示，2020—2022 年的疫情让人们体会到了健康的重要性，人们的购物行为反映了此种心态。例如，目前人们对乳制品、蔬菜和鸡蛋的需求量比 2020 年之前水平高出 25%～50%。超市和便利店的数据显示，2023 年之后，热销品除了生鲜食品，还包括谷物、半成品、包装食品等。

3．新一代信息技术与实体经济融合催生了信息消费

随着新一代科技革命和产业变革进入应用拓展期，数字技术在各行各业的应用越来越普遍，在各类规划中对于行业数字化升级的引导逐渐加强。例如，《近期扩内需促消费的工作方案》提出，举办全国性智能体育大赛，将智能滑雪、智能足球、智能赛车、智能骑行等更多内容纳入赛程，结合拓宽 5G 应用场景，带动健身器材和 5G 终端产品快速销售。《关于促进老年用品产业发展的指导意见》提出，从提高老年用品功能性、安全性等方面入手，结合产品生产、制造的模块化与集成化特征，推动智能制造、柔性制造、网络制造等新型制造模式创新发展。

三、“碳达峰、碳中和”开启低碳时代，工业绿色技术、装备、产品及改造需求庞大

1．国际、国内已形成推动“碳达峰、碳中和”的共识

目前，已有194个缔约方（193个国家加上欧盟）加入了《巴黎协定》，“碳中和”成为世界各国的共同行动。2020年9月22日，习近平主席在第七十五届联合国大会一般性辩论上宣布：“中国将提高国家自主贡献力度，采取更加有力的政策和措施，二氧化碳排放力争于2030年前达到峰值，努力争取2060年前实现碳中和。”①2021年以来，我国先后印发了《中共中央 国务院关于完整准确全面贯彻新发展理念做好碳达峰碳中和工作的意见》《国务院关于印发2030年前碳达峰行动方案的通知》《“十四五”节能减排综合工作方案》《工业领域碳达峰实施方案》等政策文件，湖北、江苏、广东等地政府也因地制宜出台了落实“碳达峰、碳中和”（以下简称“双碳”）政策的文件，全国上下已经形成推动低碳绿色发展的广泛共识。

2．“双碳”为产业结构优化升级创造了重大战略机遇

在“双碳”目标约束下，我国产业结构调整面临前所未有的压力，也面临难得的发展机遇。我国传统产业规模庞大，化石能源占能源结构比重偏高，煤炭消费占比仍超过50%，推动节能、绿色、降碳的潜力巨大。随着重化工业发展增速的逐步降低，传统制造业碳排放将陆续达峰，先进制造业和现代服务业的比重将持续提升，新一代信息技术和绿色低碳技术应用日益广泛并向各产业领域渗透，将为实现“双碳”创造条件，并带来巨大的绿色低碳转型收益。②在这一进程中，风电、氢能、核能、汽车、船舶、交通物流、航空、建筑、资源循环等产业，以及相关装备制造、大数据平台、绿色终端产品都将迎来重大发展。

---

① 周宏春、史作廷：《碳中和背景下的中国工业绿色低碳循环发展》，《新经济导刊》2021年第2期。

② 王一鸣：《抢抓碳达峰碳中和重大战略机遇 推动产业结构优化升级》，《智慧中国》2021年第12期。

3．清洁和零碳技术有望提升我国产业竞争力

近年来，我国在风电、光伏等领域已经实现了从跟跑到并跑、部分领域领跑的历史性跨越，在多晶硅、锂电池、电动车等领域具有低成本和规模化创新优势，具有一定的国际竞争力。未来，随着我国在氢能、储能等领域更多低碳、零碳技术实现突破，将对我国产业竞争力的提升起到极大的促进作用。

四、制度红利、开放红利、人口质量红利不断释放，工业现代化发展的基础条件不断改善

1．制度红利为工业发展提供政策支撑

当前，国家做出一系列重大战略部署，内需潜力和改革红利不断释放，为制造业发展开辟广阔空间。为推进落实制造强国、网络强国战略，我国从完善工业发展顶层设计、促进产业基础高级化、产业链现代化、加强“专精特新”中小企业培育、推动新基建等方面着手进行战略部署，从财政、税收、金融、人才、创新等方面不断优化工业发展环境，并从深化“放管服”改革、主动扩大市场和开放水平等领域进行全面深化改革，以期为工业发展营造更加良好的环境。京津冀协同发展、长江经济带、粤港澳大湾区等重大区域发展战略，也将以基础设施互联互通、产业区域协调发展等推动工业的发展。

2．开放红利拓展工业发展空间

当前，我国着力开放生产性服务业和高端制造业。在生产性服务业领域，将放宽银行、证券、保险等金融行业外资股比和设立限制，扩大外资金融机构在华业务范围。[①]在高端制造业领域，将放宽汽车、船舶、飞机等少数行业外资限制。这意味着我国生产性服务业和高端制造业的竞争将进一步加剧，而这些产业的效率有望得到提升。同时，我国主动扩大进口，倒逼国内制造业领域相关企业向高端市场转型，提高产品质量，也为居民消费升级提供更好的产品

---

① 张厚明：《我国工业通信业发展呈现五大趋势》，《经济日报》2019 年 2 月 27 日。

体验。

3．人口质量红利夯实工业发展根基

从受过高等教育人口的规模来看，1990 年，我国拥有大学（指大专及以上）文化程度的人口仅 1600 万人，这一数字在 2020 年达到了近 2.2 亿人，规模扩大了近 13 倍。我国高等教育事业的迅猛发展为经济高质量发展提供了重要的人才基础。第七次人口普查数据显示，16～59 岁劳动年龄人口中，高中及以上受教育程度的人口达到近 3.9 亿人，占比高达 43.8%，比 2010 年提高了 12.8 个百分点。与此同时，劳动年龄人口平均受教育年限达到了 10.8 年，比 2010 年的 9.7 年提高了 1.1 年。[①]劳动年龄人口素质的提升对劳动年龄人口数量减少的弥补，是人口质量红利效应替代人口数量红利效应的关键。

第二节　我国工业现代化潜在的风险挑战

当今世界百年未有之大变局、大国博弈交织叠加，国际、国内政治经济环境发生深刻变化，我国制造业发展有放缓趋势，面临的国内外约束日益增强，制造业高质量发展面临的风险挑战不断攀升。

一、大国博弈渐入底牌阶段，美国等西方国家对中国采取多种手段联合打压

1．世界格局“西强东弱”“东升西降”的态势并行发展，中美战略博弈成为重要的时代特征

当今世界，西方发达经济体在经济实力、军事、科技、金融货币等领域仍具有相对优势，“西强东弱”的格局自第一次工业革命后一直延续至今。近年来，随着中国、印度等新兴大国快速发展，全球经济重心自西向东转移态势明显，发达经济体和发展中国家的发展差距也从不断拉大转向持续缩小。国际货币基

① 黄乾：《从多维度研判和实现中国人口红利》，中国党政干部论坛，2021 年 6 月 6 日。

金组织于2020年10月估算，1992年发达经济体GDP全球占比达到83.6%的峰值，此后呈持续下行趋势，2020年降至59.4%，2025年将进一步降至56.3%。新兴市场和发展中国家GDP全球占比则将从1992年的16.4%升至2025年的43.7%（见图4-1）。[①]同期，中国GDP在新兴市场和发展中国家GDP的占比从11.9%持续升至46.4%。如果没有中国的贡献，2013年以来，发展中国家GDP全球占比是下降的。换言之，中国是“东升”的关键，“东升西降”的实质是“中升西降”。在“东升西降”（“中升西降”）的时代趋势下，美国对中国的战略定位发生重大变化。清华大学《中国与大国关系分值表》显示，中美关系自2016年8月以来一直在恶化，到2022年年中，中美关系指数已经下降至-8以下，相当于1950—1951年抗美援朝战争时的水平。在二元对抗思维的影响下，拜登政府部分延续了特朗普时期《国家安全战略报告（2017年）》的战略政策，将中国认定为“最严峻的竞争对手”，指责中国日益增长的经济、政治、军事、科技等实力对世界秩序形成挑战。美国在国会联席会议、联合国大会等场合多次强调，将与中国展开“激烈竞争”。

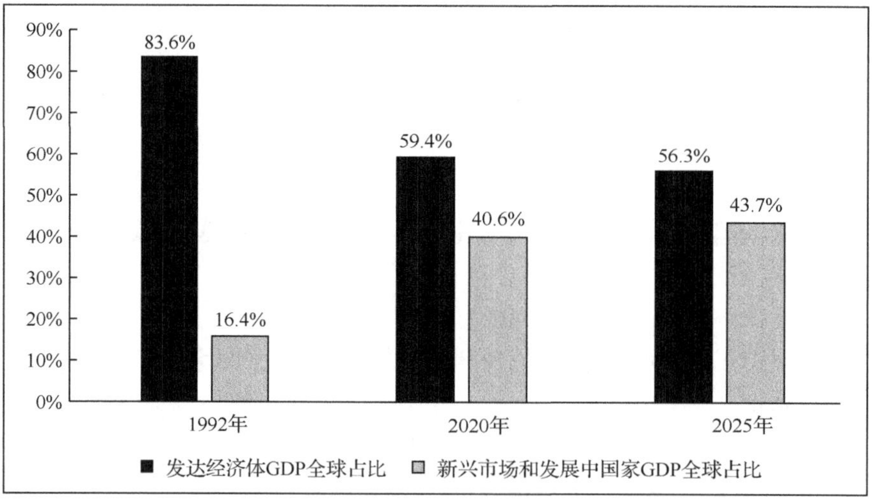

图4-1　发达经济体、新兴市场和发展中国家GDP全球占比变化

① 余东华：《工业革命的驱动因素——对人类工业文明演化的多维思考》，《天津社会科学》2021年第4期。

2. 科技领域竞争是大国博弈的核心战场，也是美国等西方国家对中国遏制打压的主要领域

发达国家将高技术产业领域视为必争之地。当前，中国及部分新兴国家在5G、人工智能、新能源汽车和智能网联汽车等产业领域，开始形成一些领先优势。发达国家意识到竞争对手的威胁，梳理了需要特别关注的重点产业，并通过供应链审查、推动供应链立法等方式，对本国高技术产业进行保护。例如，美国拜登政府对半导体、大容量电池、关键矿物和原材料、药品和原料药四个行业开展供应链审查。美国推出新版《无尽前沿法案》，希望从国家战略层面推动美国科技发展，以及关键产业研发和保护，旨在提高美国产业科研投资、确保美国在科技领域的绝对优势、强调长远布局和国家竞争。欧盟发布报告，对依赖的原材料、电池、原料药、氢、半导体、云和边缘技术六个战略领域的供应链情况进行深入分析。值得注意的是，我国关键核心技术缺失成为美国等西方发达国家的主要“攻击”方向。从关键核心技术来看，在集成电路、高档数控机床、航空发动机、关键战略材料等领域，我国对外依存度很高，严重受制于人。以集成电路为例，根据中国海关总署公布的数据，2021 年我国集成电路进口额达到 4397 亿美元（约合人民币 30272 亿元），创造了新的纪录。正是由于我国关键核心技术受制于人，发达国家将“科技制裁”作为打压中国崛起的主要手段。多年来，美国及其盟友通过《瓦森纳协定》等围堵中国高科技产业发展，发布涉及人工智能和机器学习技术、先进计算技术、数据分析技术等 14 项新兴和前沿技术的对华出口管制框架；美国发布《外国投资风险评估现代化法案》，重点审查 27 个核心高科技行业，多次否决了中国并购美国企业的申请；不定期将中国高科技企业或科研机构加入出口管制“实体清单”，禁止美国企业与“实体清单”中的中国企业进行贸易往来，切断中国高科技企业供应链，切断中国科研机构从国际上获得正常科研资源的渠道。2017—2021 年我国集成电路进口额见图 4-2。

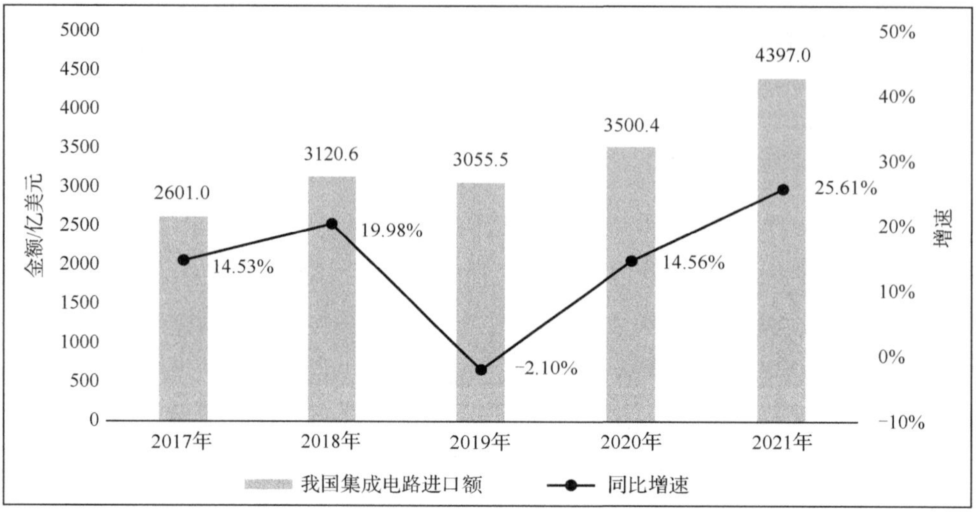

图 4-2 2017—2021 年我国集成电路进口额

3．国际规则变局愈演愈烈，发达国家企图以规则遏制发展中国家产业升级

一段时期以来，第二次世界大战形成的全球治理体系日益暴露出诸多弊病，发达国家制定各类新型规则，企图锁死后发工业国家的跃升渠道。例如，欧盟决定从 2026 年开始征收碳排放税，对使用非清洁能源生产的进口产品采取加税措施。当前，绝大多数发展中国家依靠廉价劳动力生产中低端产品，以此来赚取微薄利润，远未实现清洁能源转型，发达国家的加税措施将会削弱发展中国家的成本优势，使得发展中国家存在产业外迁的风险。又如，全球 100 多个国家开始推行全球双支柱税收制度改革，对于在境外有业务、全球营业额超过 7.5 亿欧元（约合人民币 56.3 亿元）、企业利润超过 10%的跨国公司，境外企业税不超过 15%时，企业母国有权征收剩余部分。当前，大部分发展中国家依靠低税率来吸引外商投资，最低税率原则可能推动跨国企业从低税率国家撤出，回归自己的母国，使发展中国家失去和跨国公司学习先进技术、管理经验的机会。此外，美国将国际规则视为权力政治的工具，频频通过“规则”“拉帮结派”，企图将中国排除在国际主流体系之外。例如，美国政府拉拢 30 多个国家联合发布 5G 安全“布拉格提案”，从政策、安全、技术、经济四个方面探讨如何排除中国 5G 技术产品。在基础设施方面，美国、日本和澳大利亚在印度–太平洋商业论坛上宣布启动“蓝点网络”计划，旨在通过打造新的基础设施建设标准，抗衡“一带一路”倡议。[①]美国等国家的部分技术或产业联盟见表 4-1。

表 4-1 美国等国家的部分技术或产业“联盟”

“联盟”或协议名称	参与国家	“联盟”主要目的
5G 安全“布拉格提案”	美国、英国、法国等	以 5G 安全规则和供应链安全为核心，减少对中国电信技术的依赖
“跨大西洋智能联盟”和量子技术联盟	美国、澳大利亚、加拿大、日本、英国、韩国、以色列等	美国及其盟友利用人工智能维持其战略地位
半导体联盟	美国、日本、韩国等	切断中国对关键半导体技术的获取
阿尔忒弥斯协议	美国、英国、澳大利亚、加拿大、日本、卢森堡、意大利、阿联酋等	在月球资源开发与利用规则方面及早布局
国际气候治理“绿色联盟”	美国、日本、韩国、加拿大、墨西哥、智利、巴西、哥伦比亚、秘鲁、新西兰和东南亚国家	推动欧洲能源安全与跨大西洋能源合作
“蓝点网络”计划	美国、日本和澳大利亚等	旨在通过打造新的基础设施建设标准，抗衡“一带一路”倡议

二、新兴经济体蚕食加剧，传统优势产业外迁与外资企业转移叠加

1．发展中国家加大招商引资力度，积极推进工业化进程

对外商投资企业给出大力度的税收优惠政策，是越南、老挝、马来西亚等国快速推进工业化的重要竞争砝码，也是近年来这些国家的普遍做法。越南对不同领域的项目实施不同的税率和减免期限。例如，针对特别鼓励投资项目的所得税率为 10%，减免期限为 4～15 年；对于投资额达到 3 亿美元（约合人民币 20.6 亿元），或者年销售额达到 5 亿美元（约合人民币 34.4 亿元），或者提供 3000 个就业岗位的外商投资企业，给予所得税“四免九减半”的优惠政策。老挝对不同区域采取不同的利润税，其中，对投资没有经济基础设施的山区、高原和平原，可免征 7 年利润税，7 年后按 10%水平征收。马来西亚对外商投资企业给予免缴 5～10 年所得税的优惠政策。泰国针对不同行业采取不同税收优惠

① 卢周来、朱斌、马春燕：《美对华科技政策动向及我国应对策略——基于开源信息的分析》，《开放导报》2021 年第 3 期。

政策，对垃圾发电、基础设施及高附加值行业等，免征 8 年所得税。部分发展中国家招商引资优惠政策见表 4-2。

表 4-2　部分发展中国家招商引资优惠政策

国　家	增 值 税	企业所得税
越南	一般企业为 10%，出口型企业在出口退税符合条件的企业自成立之日起，可连续 15 年所得税按 10%征收。产品出口税会有一定程度减免	企业从获利年度开始前 4 年全免，后 9 年减半按 5%征收。优惠期结束后按 20%征收
缅甸	免征	从投产之年算起，最高连续 3 年免税+5 年税收减半+5 年再投资税收继续减半。优惠期结束后按 25%征收
柬埔寨	一般企业为 10%，出口型企业免征	3 年启动期+3 年免税期+1 年优惠期，税率约为 9%。优惠期结束后按 20%征收
印度	销售税率有 4 档，即 5%、12%、18%和 28%，绝大部分商品的销售税率都在 18%以下	普通企业 30%（另需加税款 2%的附加税），在世界范围的收入均要纳税。产品全部出口的企业、出口加工区和自由贸易区的国内外企业，5 年内免征所得税。落后地区的企业依各邦政策不同可享 10 年免税，或 5 年免税+5 年 25%减免
中国	一般企业 13%，出口企业在出口退税政策上有一定程度减免	普通企业 25%的所得税率，高新技术企业 15%的所得税率

2．我国各类要素成本不断攀升，部分产业成为新兴国家“争取”的关键领域

近年来，我国制造业劳动力、土地、资金成本持续快速上涨，加之中美贸易争端带来出口成本上升，我国部分企业加快向印度、越南、印度尼西亚等新兴国家转移。从贸易来看，以 2021 年越南出口数据为例，越南主要的顺差商品为电子设备、鞋履、家居和服装四大类，越南纺织服装制造业规模化效应明显，产业链配套完善，已成为多数国际服装品牌代工的首选目的地，越南鞋履出口占全球份额高达 16.5%。印度尼西亚作为世界最大的锡出口国及镍生产国，正利用其自然资源禀赋积极吸引电动车产业投资，2023 年以来，LG、宁德时代等全球龙头电池制造商均开始在印度尼西亚的投资布局。泰国作为东盟中汽车产业的“领头羊”，也在通过税收和关税减免、政策奖励等优惠政策吸引国际新能源汽车企业投资建厂。2022 年 4 月，比亚迪已与泰国暹罗汽车集团达成协议，计

划进军泰国市场，合资投资200亿泰铢（约合人民币38亿元）用于建设右驾生产线和提供售后相关服务。越南签订的贸易协定见表4-3。

表4-3 越南签订的贸易协定

协定名称	越南关税情况
欧盟-越南自由贸易协定	欧盟和越南之间将实现99%的关税减让，减少贸易技术障碍，越南法律的制定和实施将会变得更加透明，越南将鼓励外国投资和商业
越南-韩国自贸区协定	2018年，对纺织原辅料、鞋类、家用电器、机械设备、电子产品和零配件、电线、汽车零配件等产品实现关税自由化
越南-日本自贸区协定	2018年，共有456项税目实施零关税，包括鸡肉、咖啡、原料茶、纺织品服装、电器与电子设备等
越南-欧亚经济联盟自贸区优惠税率表	至2018年对5535项税目实施零关税，2018年年内有3720项税目降为零关税，如乳制品、汽车及其零配件、钢铁及其制品
东盟-中国自贸区	鸡肉、咖啡、原料茶、食品加工、纺织品服装、电器与电子设备等于2018年从5%与10%降为零关税
区域全面经济伙伴关系协定	该协定生效后，柬埔寨、老挝、缅甸30%的货物有零关税待遇，越南等其他成员国6%的货物享受零关税

3．发达国家积极推进“中国+N”，推动跨国企业向外迁移

近年来，在华外资企业受国际形势变化、中美贸易争端、全球产业链供应链深刻调整等因素影响，叠加本国政府的产业链供应链战略调整，部分采取了“中国+N”策略，力图打造安全、近岸的产业链供应链体系。例如，2010年日本《新成长战略》提出，在整个亚洲建立产业链供应链和亚洲内需市场的目标，积极与东盟加强贸易协议谈判，为东盟持续性提供经济援助，推动日本“中国+1”海外直接投资战略逐渐向东南亚纵深延展。日本经济产业省调查显示，在日本海外生产的公司中，约有14%的公司于2017年将生产返回了日本，所有回归的企业中，近2/3来自中国；2019年日本海外公司在中国的比重比2015年下降了1.6个百分点。2020年新冠疫情发生后，为减少对单一国家的供应链依赖，日本发布“海外供应链多元化支援事业”计划，支持海外企业建立多地域分布的生产基地，并补贴建筑、设备购置和设备改造等费用。这一政策实际上是“中国+1”的加强版。韩国政府于2013年出台《海外进军企业的国内回归支援法律》，促进以核心项目为重点的企业回迁。同时，自2008年三星电子的手机制造进入

越南以来，韩国和越南的贸易及韩国对越南的直接投资迅速增加。韩国视越南为接替中国的另一个制造基地，2015 年越南已成为韩国第一大投资目的地。2021 年越南 FDI（利用外商直接投资）项目的国家和地区数量占比见图 4-3。

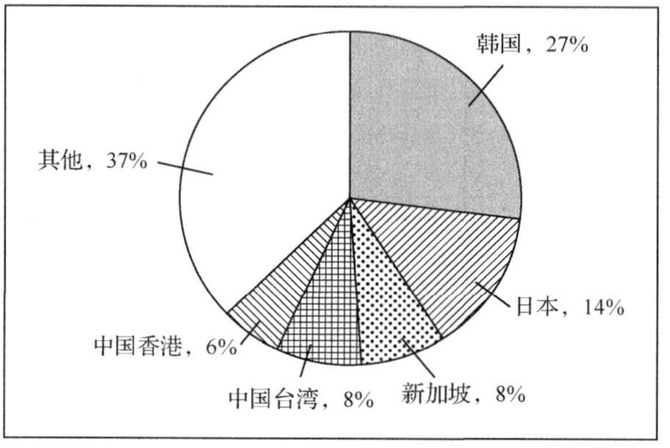

图 4-3　2021 年越南 FDI 项目的国家和地区数量占比

三、增长乏力，需求收缩、供给冲击、预期转弱三重压力持续释放

1．消费与投资增速偏慢，出口面临越来越大的压力，拖累工业经济复苏

从国内需求看，受 2020—2022 年新冠疫情冲击影响，我国消费增速恢复较为缓慢。自 2021 年 2 月以来，我国社会消费品零售总额累计增速呈现“单边下降”态势，2021 年社会消费品零售总额累计增速为 12.5%，但 2022 年 1—11 月，社会消费品零售总额累计增速仅为-0.1%，居民消费需求被显著抑制。从具体类别来看，2022 年 1—11 月，粮油、食品、饮料、烟酒类，金银珠宝类，日用品类，体育、娱乐用品类，书报杂志类，中西药品类，文化办公用品类，石油及制品类，汽车类分别累计增长 7.2%、0.8%、0.3%、0.1%、5.7%、9.2%、4.9%、11.0%、0.3%，服装鞋帽、纺织品类，化妆品类，家用电器和音像器材类，家具类，通信器材类，建筑及装潢材料类分别累计增长-5.8%、-3.1%、-3.0%、-7.7%、-3.3%、-5.8%。2021 年以来社会消费品零售总额累计增速见图 4-4。

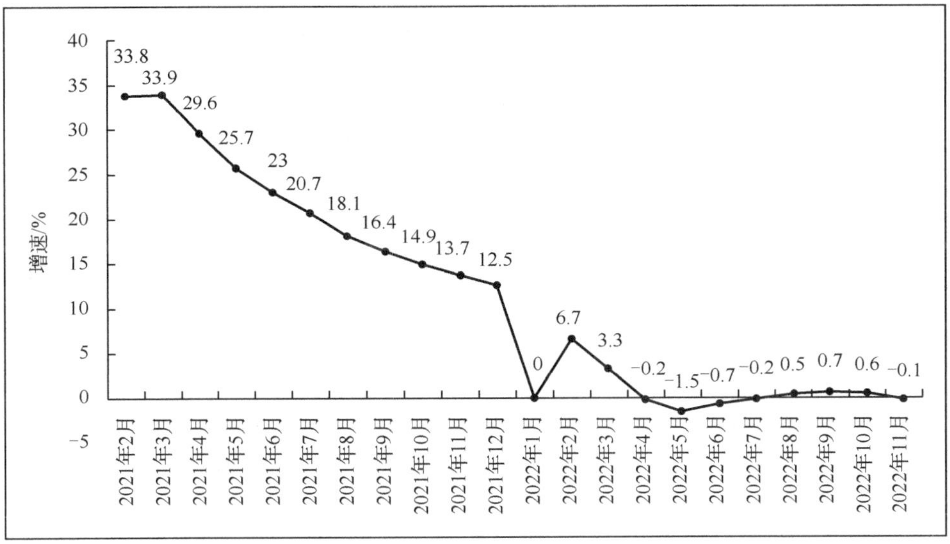

图 4 4 中国社会消费品零售总额累计增速变化情况

从固定资产投资看，2021 年以来，我国固定资产投资呈现持续下降态势（见图 4-5）。2021 年 2 月，我国固定资产投资额累计增速达到 35.0%的阶段性高点，此后呈现持续下滑态势，2021 年全年，我国固定资产投资累计增速为 4.9%。2022 年 1—10 月，我国固定资产投资累计增速为 5.8%，全年累计增速呈现持续下降态势。分行业来看，制造业固定资产投资累计增长 9.7%，其中，仪器仪表制造业，电气机械和器材制造业，以及计算机、通信和其他电子设备制造业固定资产投资增速分别达到 39.8%、39.7%、20.8%；房地产业、金融业固定资产投资额分别累计同比下降 7.3%、20.4%。虽然制造业投资增速较快，但难以对冲房地产和基建投资增速放缓，投资增速下降成为内需收缩的重要因素。

从进出口看，2021 年 1—2 月，我国进出口总额累计增速达到 41.2%的历史高位；整个 2021 年，我国进出口总额累计增速达到 30.0%，成为世界经济增长的重要引擎（见图 4-6）。2022 年，我国进出口总额增速呈现持续下滑的态势，1—11 月，进出口总额累计增速仅为 5.9%；11 月单月进出口总额为 5223.4 亿美元（约合人民币 36135.3 亿元），同比减少 9.5%，增速较 10 月放缓 9.1 个百分点。从出口产品结构看，2021 年 11 月，农产品出口额为 88.1 亿美元（约合人民币 605.4 亿元），同比增长 4.6%；机电产品出口额为 1734.3 亿美元（约合人民币

11916.9 亿元），同比减少 11.4%，增速大幅回落，较 2021 年 10 月下降 10.7 个百分点；高新技术产品出口额为 748.1 亿美元（约合人民币 5140.5 亿元），同比下降 23.9%，为连续第 4 个月负增长，且较 2021 年 10 月下降 16.3 个百分点。美国继续加大对中国的科技限制，对中国高新技术产品出口产生了负面影响。

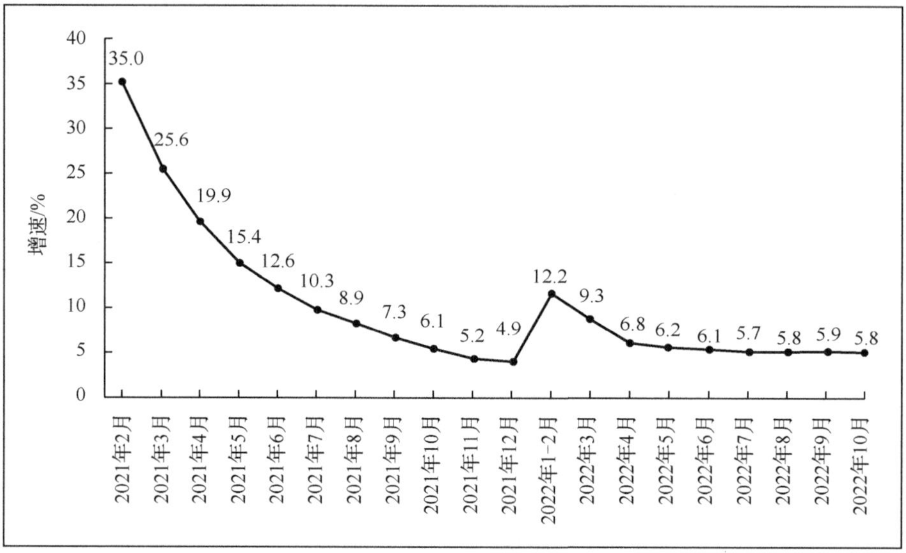

图 4-5　中国固定资产投资额累计增速变化情况

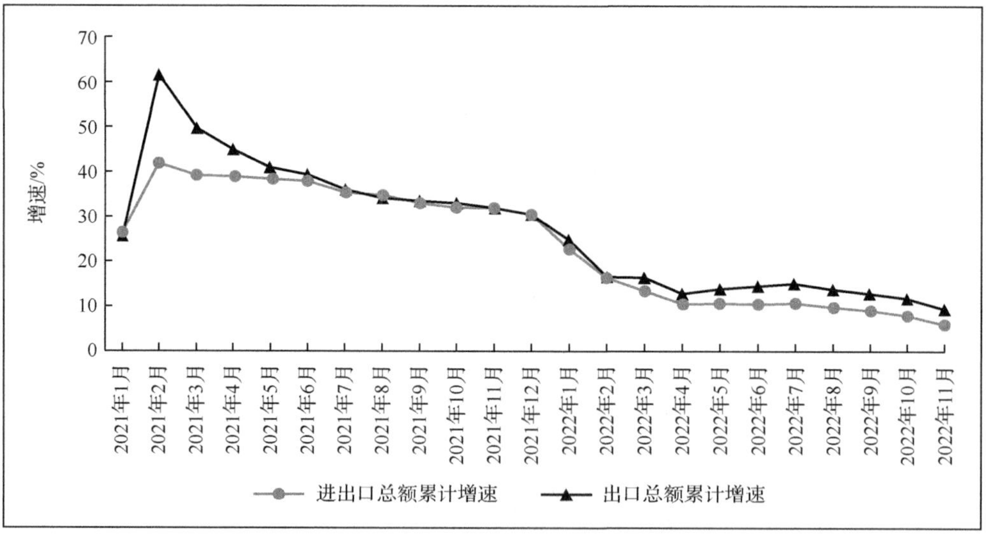

图 4-6　中国进出口总额累计增速变化情况

2．原材料供应安全频遇风险，企业正常生产遭遇波动，影响产业链供应链稳定

国际局势复杂严峻，大宗商品供应存在更多不稳定性因素。近年来，受国际大宗商品价格大幅上升的影响，煤炭、石油等上游产品的价格大幅上涨。环渤海动力煤价格指数显示，自 2020 年 5 月煤价格达到阶段性低点（526 元/吨）以来，煤价格居高不下，一路上涨至 2021 年 10 月的 848 元/吨，2022 年煤价格有所降低，但也始终位于 730 元/吨以上。WTI 纽约原油价格自 2020 年 4 月达到 6.5 美元/桶（约合人民币 44.7 元/桶）的阶段性低点之后，一路上扬至 2022 年 3 月，达到 130.5 美元/桶（约合人民币 896.7 元/桶）的阶段性高点，此后，原油价格虽有所下滑，但依然维持在 80 美元/桶（约合人民币 550 元/桶）之上。从铁矿石来看，自 2020 年新冠疫情发生以来，伴随着中国的复工复产与国外的间歇性“断供”，中国铁矿石价格指数（CIOPI）一路上行，此后随着新冠疫情的逐步恢复，铁矿石供需逐渐趋于平衡，价格趋于平稳（见图 4-7）。当今世界各类“黑天鹅”“灰犀牛”事件层出不穷，都可能对大宗商品的供应造成潜在影响，对此我们应时刻保持警惕，做好储备，及早妥善应对。

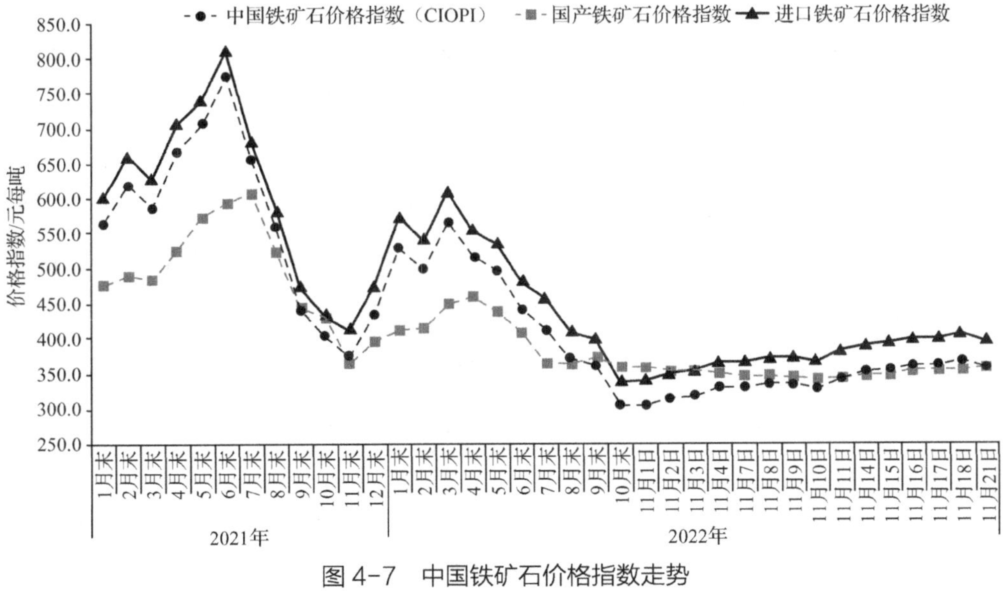

图 4-7　中国铁矿石价格指数走势

2020—2022年，新冠疫情影响正常生产生活秩序，企业生产供应频受冲击。2020—2022年，新冠疫情阻断和延缓了生产链、供应链。一方面，人员流动与出行意愿、市场主体消费与需求均明显受限，使得企业的经营受到很大冲击，在支出没有明显削减的情况下，经营现金流入大幅削弱。当企业没有足够的经营现金流进行日常运营及再生产时，随之而来的便是融资现金流受到冲击，并进一步影响到投资现金流，即企业投资的动力、能力与意愿开始出现明显不足。另一方面，2020—2022年新冠疫情期间，我国还出现了“煤荒”“电荒”等形成的供给冲击，引起能源、物流等价格上涨。

3．微观主体预期不稳、信心不足，为工业发展增加了不确定、不稳定性因素

中国人民银行《2022年第四季度企业家问卷调查报告》显示（见图4-8），2022年第四季度企业家宏观经济热度指数为23.5%，比第三季度下降3.4个百分点，比2021年同期下降13.7个百分点。其中，53.7%的企业家认为，宏观经济“偏冷”。此外，2022年第四季度出口订单指数为38.9%，比第三季度下降3.3个百分点，比2021年同期下降9.8个百分点；国内订单指数为44.1%，比第三季度下降0.6个百分点，比2021年同期下降7.1个百分点。从《2022年第四季度银行家问卷调查报告》来看，2022年第四季度银行家宏观经济热度指数为17.4%，比第三季度下降2.5个百分点；贷款总体需求指数为59.5%，比2021年同期下降8.2个百分点。从《2022年第四季度城镇储户问卷调查报告》来看，2022年第四季度倾向于“更多消费”的居民占22.8%，与第三季度基本持平；倾向于“更多储蓄”的居民占61.8%，比第三季度增加3.7个百分点；倾向于“更多投资”的居民占15.4%，比第三季度减少3.7个百分点。“预期转弱”会导致居民消费与企业投资更趋谨慎，进一步加大经济下行压力，而经济下行压力的加大反过来又会加剧“预期转弱”，从而形成不断强化的自我循环。

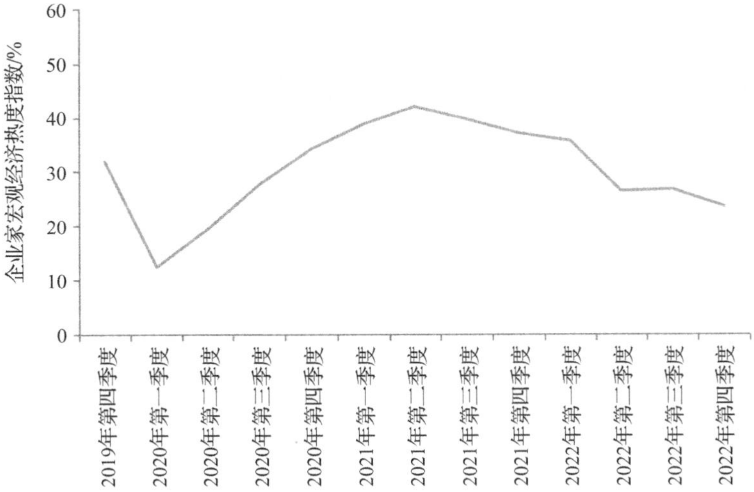

图 4-8 中国人民银行《2022 年第四季度企业家问卷调查报告》企业家宏观经济热度指数

四、要素支撑持续弱化，“老龄化”远忧与“脱实向虚”近况交织

1.“量多价廉”的劳动力优势明显减弱

一是适龄劳动人口占比呈现“倒 U 型”发展态势。自 2002 年以来，我国 15～64 岁适龄劳动人口占比呈现先上升后下降的趋势。2002 年，我国 15～64 岁适龄劳动人口占比为 70.3%，此后一直到 2010 年，该占比呈现持续上升的态势，达到 74.5%的历史性高点；此后，15～64 岁适龄劳动人口占比呈现逐步下降的态势，到 2021 年该占比降至 68.3%。2002—2021 年，我国 65 岁及以上人口占比呈现持续上升的态势，从 7.3%一路上涨至 14.2%，2021 年 65 岁及以上人口数量首次突破 2 亿人。与该比例相对应的是，我国总抚养比呈现先下降后上升的趋势。2002—2010 年，我国总抚养比由 42.2%下降至 34.2%，此后，我国总抚养比呈现逐步上升的态势，到 2021 年已经达到 46.3%。我国 15～64 岁适龄劳动人口占比及总抚养比变化见图 4-9。

二是劳动人口工资呈现快速上涨的态势。2003—2021 年，我国制造业城镇单位就业人员平均工资从 12671 元/年上涨至 92459 元/年，年均涨幅达到 11.7%，见图 4-10。《全球工资报告》显示，2008—2022 年，所有 G20 国家的实际工资增长率最高的国家是中国，2022 年的实际月工资相当于 2008 年实际月工资的

2.6倍。据统计，在中国江苏，制造业工人月薪普遍达到1万元左右，而越南制造业工人月薪为2000～2500元，孟加拉国制造业工人月薪为2000元左右，柬埔寨制造业工人月薪为1000～2000元，越南、孟加拉国、柬埔寨平均劳动力成本是中国平均劳动力成本的五分之一。

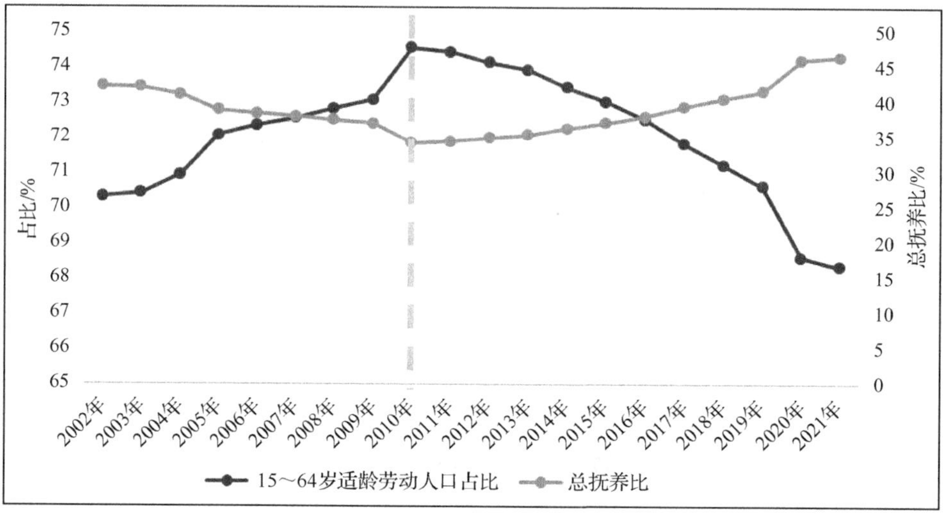

图4-9　我国15～64岁适龄劳动人口占比及总抚养比变化

三是制造业人才结构性缺失。随着新一轮产业变革的持续演进，新技术、新产业、新模式层出不穷，传统教育模式已经难以满足新的发展要求，制造业人才结构性过剩和短缺并存的现象越发明显，部分先进制造技术领域人才不足的现象将会持续。《中国集成电路产业人才发展报告（2020—2021年版）》显示，2020年我国直接从事集成电路产业的人员约54.1万人，预计到2023年前后全行业人才需求将达到76.65万人左右，仍存在超过20万人的缺口。《关键软件领域人才白皮书（2020年）》显示，到2025年，我国软件行业人才总需求将达到890万人，新增人才缺口达到192万人，其中，关键软件领域新增人才缺口将达到83万人。与此同时，制造业技能人才缺失的情况仍在持续。人力资源和社会保障部发布的2022年第三季度全国"最缺工"100个职业显示，铆工、锻造工、模具工等职业新进"最缺工"100个职业排行，车工、焊工位列排行前10位，电机制造工、仪器仪表制造工、汽车生产线操作工等缺工程度较2022年第二季度有所增加。

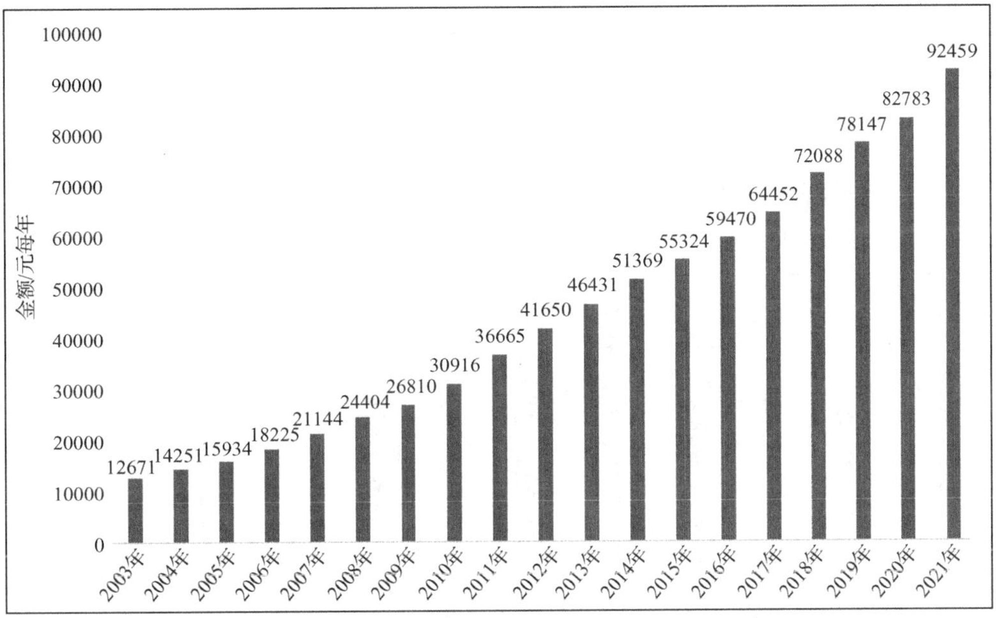

图 4-10　2003—2021 年我国制造业城镇单位就业人员平均工资

2．金融支持实体经济面临多层次难点

2012 年至今，我国金融业 GDP 占比呈现波动上升的趋势，2015 年，金融业 GDP 占比达到 8.17%的阶段性高点，此后有所回落，但到 2020 年又达到 8.25%的阶段性高点，见图 4-11。从部分发达国家来看，德国金融业 GDP 占比在 3.0%～5.5%波动，日本金融业 GDP 占比在 3.5%～6.3%波动，因此，中国金融业 GDP 占比偏高。虽然近年来我国金融支持实体经济取得重大成就，但依然面临多层次难点问题。从中小企业自身看，当前中小企业大多为私营企业，管理水平落后，经营风险大，增加了金融机构放贷风险。从融资渠道看，上市门槛较高，大多数中小企业无法通过直接融资解决急需的资金问题。从政策看，在金融支持经济发展的奖励政策、促进中小企业发展的优惠措施、投融资风险制度的安排方面力度不够。

3．数据要素的开发利用不足

大数据采集不充分、不深入，如“十三五”时期我国企业设备的数字化率达到 50%，但完成设备联网、开展数据采集的仅为 23%，数据采集的完整性、有效性得不到充分保障。[①]部分企业不重视数据的开发，使数据价值无法及时充分转化。数据保护法律有待进一步完善，我国对国际开源社区的影响力较弱，导致对大数据技术生态缺乏自主可控能力，这成为制约我国大数据产业发展和国际化运营的重大隐患。

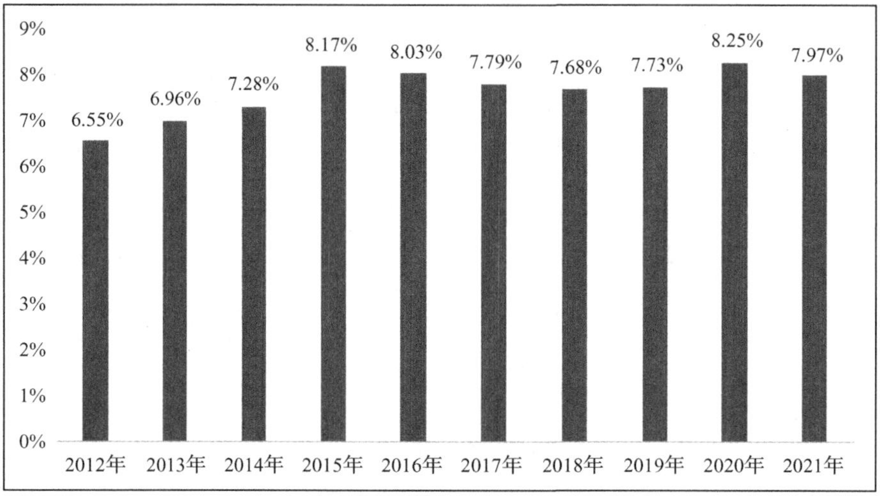

图 4-11　我国金融业 GDP 占比

第三节　我国工业现代化存在的突出问题

习近平总书记指出，当前，我国社会主要矛盾已转化为人民日益增长的美好生活需要和不平衡不充分的发展之间的矛盾。在工业现代化推进过程中，不平衡不充分依然是亟待破解的突出问题，这其中，既有产业创新、产业结构、产业组织等方面的不平衡不充分，又有先进生产模式、工业治理等方面的不平衡不充分。更好推进工业现代化，需要我们正视问题，切实调整工业发展方式，加快工业转型升级步伐。

① 《智能制造发展指数报告（2020）》，中国电子技术标准化研究院。

一、技术创新能力总体不强

当前我国正处于工业现代化发展的关键阶段，即将实现从要素驱动向创新驱动的重大转变。总体而言，我国与发达国家在技术创新能力方面仍存在差距。习近平总书记曾经指出，我国创新能力不强，科技发展水平总体不高，科技对经济社会发展的支撑能力不足，科技对经济增长的贡献率远低于发达国家水平，这是我国这个经济大个头的“阿喀琉斯之踵”。因此，我们需要深入分析技术创新的短板所在，全面提升技术创新对经济发展的支撑能力。

1．企业的创新主体作用仍有待提升

企业是市场的主体，比大专院校和科研院所更了解市场的走向。因此，将企业作为创新主体，结合高校、科研院所的创新能力，开展科技创新及成果转化，是效率最高的路径。然而，我国企业的创新主体作用仍有待进一步发挥，特别是央企、国企并未展现出全部的科研实力。以 2022 年入选《财富》世界前 100 强的企业为例，我国虽然有 21 家工业企业进入世界前 100 强，但是在这些企业中仅有阿里巴巴、华为 2 家民营企业进入“2022 年度全球百强创新机构”，上汽、一汽、中石油、中石化等国有企业均未入榜，见表 4-4。与此同时，中小企业在研发新品时，大都面临自身科研能力不足、团队实力单薄的现状。

表 4-4 入选《财富》世界前 100 强和入选“2022 年度全球百强创新机构”的中国工业企业对比

入选《财富》世界前 100 强的中国工业企业	入选“2022 年度全球百强创新机构”的中国工业企业
国家电网、中石油、中石化、鸿海精密、中化控股、宝武钢、京东、阿里巴巴、中国移动、中国五矿、中海油、上汽集团、山东能源、中国华润、恒力集团、正威国际、中国一汽、中国医药、南方电网、华为、中国电力	华为、京东方、TCL、阿里巴巴、蚂蚁集团

2．基础研究和原始创新能力不足

近年来，我国的研发投入虽然保持了两位数的增长，但是与发达国家相比，

原始创新能力仍有待提升。在研发投入强度上，中国与科技发达国家（如日本、韩国、德国）相比明显偏低。2021 年，中国 R&D 总经费 GDP 占比（即研发投入强度）为 2.44%，而 2020 年，韩国研发投入强度就高达 4.82%，美国、日本和德国的投入强度则分别达到 3.45%、3.28%和 3.13%，见图 4-12。从基础研究看，中国基础研究的总体投入强度明显偏低。2021 年，中国 R&D 经费投入中，基础研究经费为 1696 亿元，与美国、日本等国基础研究经费的支出比例相比，降低了 6～12 个百分点，与欧洲创新型国家相比差距较大。除此之外，中国多数企业受当前技术水平所限和短期利益驱动的影响，更多关注商业化前景明显的产品开发，对原始创新尤其是基础研究的意愿不强。而美国企业早在 2012 年的基础研究经费就超过了 170 亿美元（约合人民币 1170 亿元），是我国同期企业基础研究经费投入的 20 倍。

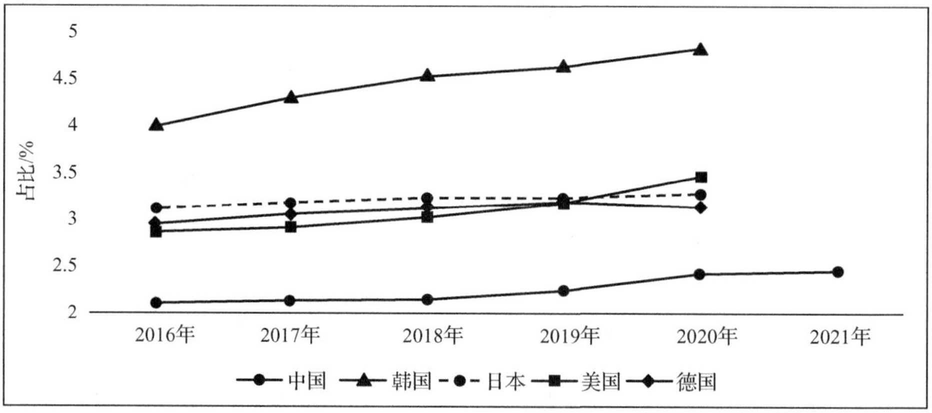

图 4-12　各国 R&D 总经费 GDP 占比

3．创新成果转化效率不高

目前，我国科技成果的转化率仅为 30%左右，而这个指标在发达国家可达到 60%～70%。究其原因，主要是科研成果与市场需求不匹配，突出表现在高校、科研院所大量科技成果与实际脱节，企业创新需求难以满足，供需双方信息共享不畅、认识不到位。同时，也存在市场对科技成果的了解和认知不足等问题，导致大量高质量创新成果被“浪费”。从全球 86 个专利主管部门统计的有效专利平均使用年限来看，中国有效专利平均使用年限仅为 7.6 年，远远低于印度的

12.4 年、德国的 11.2 年，这意味着科研院所的大量专利申请授权之后，由于不能带来较为可观的市场经济效益和价值，并没有得到长期维护和有效的转移转化。此外，由于科技成果转化过程存在较大的不确定性，很多风险投资公司不愿意承担风险，多倾向于投资成熟期的项目，导致不少早期技术创新项目“无人问津”。

4．创新制度环境尚不健全

当前，我国创新环境建设有待完善，激励机制不足，很大程度上制约着创新能力的提升。一是知识产权保护力度有待加强。专利价值被普遍低估，市场保护力度弱，致使专利侵权、盗用的现象屡禁不止，“山寨”甚至成为市场常态。专利维权成本高和专利侵权成本低形成鲜明的反差，不仅降低了人才、企业的创新热情，而且降低了人才、企业对输出高质量创新成果的积极性。二是高质量创新成果的引导方向仍有待完善。长期以来，我国采用非市场化的创新考核机制，导致创新考核机制“重数量轻质量”。将专利申请量和授权量作为创新评审标准、创新基金评审、资金申请、项目结题的关键绩效指标，而未对专利授权率、专利实施、专利引用和 PCT 专利等质量指标提出明确要求。三是对创新人才的激励机制不完善，对开展高质量科技研发活动的有效激励力度相对不足，社会力量开展科技激励的能动作用发挥依旧有限。

二、产业结构整体不优

经过改革开放 40 多年来的不懈努力，我国已建成世界上最为完整的产业体系，是全世界唯一拥有联合国产业分类中全部工业门类的国家。制造业体系结构不断调整和优化，基本符合产业结构演变的一般规律，具有中国特色新型工业化的特点。总体来看，当前及未来一段时期，我国产业体系结构仍处于从重工业向消费服务型和科技创新型产业转型的过程中，围绕主导产业调整和演进，主要还存在以下几个问题。

1．制造业增加值占 GDP 比重“过早、过快”下降，持续下行风险不容忽视

从一般规律看，随着经济发展水平的提高，制造业在国民经济中的占比（限制造业占 GDP 比重）会逐步下降，这是经济结构优化的结果。西方发达国家制造业占 GDP 比重在人均 GDP 为 1.5 万～2 万美元（2010 年不变价，约合人民币 10.3 万～13.8 万元）时达到峰值，随后以年均 0.2～0.3 个百分点平稳下降。中国目前仍处于工业化进程中，经济发展水平总体不高。这种情况下，制造业占 GDP 比重却在 2011 年人均 GDP 为 4972 美元（2010 年不变价，约合人民币 34196.3 万元）时进入一个快速下滑的通道，从 2011 年的 32.1%下降至 2020 年的 26.2%，10 年下降 5.9 个百分点，其中，2011—2016 年的年均降幅高达 0.8 个百分点，近年来下降态势虽有所减缓，但下行压力依然较大，见图 4-13。从世界工业化发展规律看，制造业占 GDP 比重下降是经济结构演进的必然趋势，但我国制造业占 GDP 比重“过早、过快”下降，不完全是经济结构优化的结果，也与现阶段经济发展水平严重不符。需要指出的是，在工业化尚未完成、现代化加速推进的关键时期，过早去工业化可能导致制造业出现“空心化”，影响我国产业链供应链的安全稳定。从拉美国家发展经验看，制造业占 GDP 比重过快下降还可能致使经济增长回落或停滞，陷入以贫富分化、公共服务短缺、金融体系脆弱等为特征的“中等收入陷阱”。

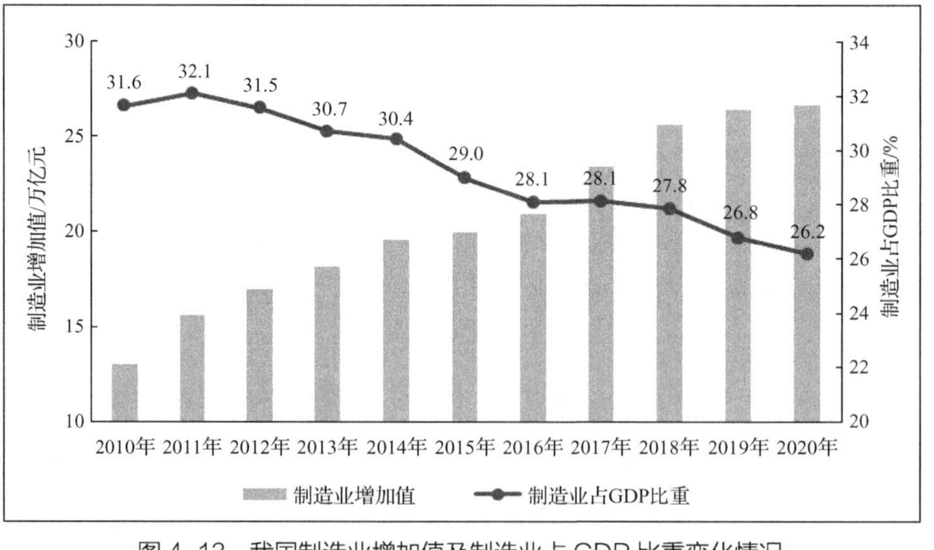

图 4-13　我国制造业增加值及制造业占 GDP 比重变化情况

数据来源：国家统计局

2．高技术产品制造业占比有限，支撑制造业转型的基础不牢固

我国经济发展由高速增长阶段转向高质量发展阶段，受能源、原材料、交通运输、土地与环保等生产要素，以及人工红利消失、人民币升值等因素影响，我国产品在国际市场上竞争的“低成本优势”日渐式微，制造业发展的“高成本时代”已经到来，加快发展高技术产品制造业、保持制造优势已成必然。2021年，我国高技术制造业增加值占规模以上工业增加值的比重仅为15.1%，距离成长为推动产业增长的主导力量尚有很大差距。从企业发展看，我国长期实行的“市场换技术”策略，使企业缺少自主创新的积极性和主动性，一些企业长期被锁定在低水平的加工环节，新兴产业的发展缺乏自主技术的支持。从外部环境看，我国高技术产业的发展面临部分跨国公司的压制，这些跨国公司借助在技术和创新成果上的积累，牢牢控制产业价值链的高附加值环节，并采取专利控制手段对我国新兴产业向高端发展形成阻碍。“十四五”期间乃至未来更长时期内，如何保持高技术产品制造业的高速增长，推动新技术新产业培育壮大，为制造业转型升级提供支撑仍是我们必须面对的一大难题。

3．中国生产性服务业占比同发达国家生产性服务业占比相比差距较大，跟不上制造业高质量发展的步伐

进入21世纪以来，得益于工业化、市场化、信息化、全球化、城市化的推进，中国生产性服务业得到了快速增长，但与发达国家相比仍存在一定差距。国际经验表明，只有在工业化中后期，制造业服务化才能占领产业链的高端。分析欧美发达国家的产业结构，发现其普遍存在“两个70%”，即服务业增加值占GDP的比重为70%，生产性服务业占整个服务业的比重为70%。2021年，我国以研发、设计、金融、物流、营销等为代表的生产性服务业占GDP的比重和占第三产业的比重分别为31.1%、58.4%，与发达国家水平存在较大差距。与此同时，我国生产性服务业还处于成长期，“微笑曲线”两端的设计和研发，以及物流与销售主要被美国等发达国家控制，自主化发展还有很长的路要走。

三、先进生产模式应用仍然不深

随着新一轮科技革命和产业变革的加速发展，我国制造业生产模式发生了深刻变革，正加速向智能、绿色、服务方向发展。值得注意的是，先进制造模式转型的技术、人才、政策支撑仍较薄弱，中小企业转型整体水平仍待提升。

1．先进生产模式转型所需技术、人才供给不足

近年来，我国先进生产模式转型步伐不断加快，智能化、绿色化、服务化成为企业转型的重要方向，但存在模式转型所需技术、人才供给不足的问题。一方面，部分底层技术受制于人。例如，在智能制造领域，我国核心技术装备自主化程度不高，不少核心零部件主要依赖进口。2021 年，我国国产高档数控机床系统市场份额还不到 30%，目前加工精度只能达到亚微米级别，与国际先进水平相差 1～2 个数量级。[①]工业机器人关键零部件国产化率依然较低，减速器、控制器、伺服系统国产化率仅分别为 10%、13%、15%。另一方面，产业高素质人才缺失。例如，服务型制造领域长期以生产和产品为中心，高等学校没有设置服务型制造的专业方向或课程，企业缺乏既懂技术又懂管理、既懂制造又懂服务、既懂产品又懂运营的创新型、复合型人才。在智能制造领域，根据教育部、人力资源和社会保障部统计，我国智能制造领域的人才缺口到 2025 年将达到 450 万人。[②]

2．中小企业制造模式转型基础薄弱

当前，以数字化、网络化、智能化为特征的第四次工业革命正在蓬勃兴起，但由于我国产业发展起步晚、体量大，总体上先进生产模式转型的步伐仍待加快。智能制造评估评价公共服务平台数据显示，2021 年，我国智能制造领域企业整体水平还不高，处于一级及以下水平的企业占全部制造企业的比重达 69%，

---

① 王磊、卢秉恒：《中国工作母机产业发展研究》，《中国工程科学》2020 年第 2 期。

② 《为智能制造输送人才“顶梁柱”》，人民网，2020 年 4 月 28 日。

中小企业的比重更高。[①]我国中小企业的制造方式大多停留在“工业 2.0”及“工业 3.0”阶段，推动制造模式转型基础薄弱。一方面，中小企业的利润水平较低、盈利能力较差，相比大型企业，推进制造模式转型面临更大的试错成本和风险。另一方面，中小制造企业转型认识不足。制造模式转型不仅是技术的更新，而且是经营理念、战略、组织、运营等多方位的变革。由于中国经济长期保持高速增长，制造企业大多秉承的是以产品为中心的经营理念，将提升产品性能或降低产品成本作为企业竞争战略的中心，因此很少考虑发展以客户为中心的制造模式，如智能制造、服务型制造等。2019—2021 年全国制造业智能制造能力成熟度见图 4-14。

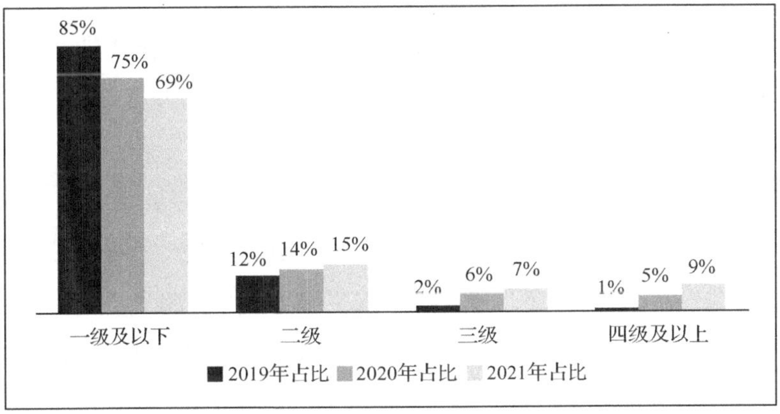

图 4-14 2019—2021 年全国制造业智能制造能力成熟度

3．政策标准体系建设不完善

长期以来，我国处于全球产业价值链的低端，标准体系不完善，在世界工业制造标准领域中的话语权和影响力较弱。在智能制造领域，我国物联网应用标准不完善，导致设备不兼容，很多企业内部的不同信息系统不能融合，企业无法在进行跨平台、跨系统集成应用时实现无缝对接，甚至有时需要企业重新搭建平台或系统。在绿色制造领域，欧盟各国尤其重视制定包括“ISO14040 生产生命周期评估”“ISO50001 能源管理体系”“ISO14955 机床能效与生态设计”等在内的绿色标准规范。然而，由于一些绿色技术和产品的“绿色程度”难以

① 《智能制造发展指数报告（2021）》，中国电子技术标准化研究院。

量化，缺乏持续的基础数据和足够的公开信息支持，影响了绿色设计、绿色产品推广、绿色评价等工作的开展，不利于构建绿色制造体系。这是我国绿色标准体系存在的突出问题，还有待进一步完善。在服务型制造领域，统计指标、评价体系等尚未完全达成共识，缺乏专业的服务型制造标准化组织，统计评价与标准建设工作相对滞后，在一定程度上影响了服务型制造的规范化发展和科学量化评估。

四、市场主体能级和产业组织效率亟待加强

改革开放以来，我国各类市场主体不断发展壮大，产业组织形式也随着技术发展而不断多样化，产业组织效率持续提升。不过，我国工业领域市场主体与产业组织方面仍存在以下四个方面的突出问题。

1．大企业引领发展能力整体偏弱

与我国工业规模体量形成明显对比的是，我国工业大企业综合实力总体不高，突出表现在以下三个方面。一是利润水平整体偏低。例如，2022 年世界 500 强企业中，美国上榜企业平均利润约为 100 亿美元（约合人民币 690 亿元），而中国上榜企业平均利润约为 40 亿美元（约合人民币 276 亿元），不足美国上榜企业平均利润的 50%。近年来，中国大企业的利润水平有进一步压缩的趋势。2020 年，中国大型工业企业利润总额为 2.9 万亿元，利润率为 6.4%，与 2017 年相比，分别下降了 0.3 万亿元和 0.8 个百分点。二是全球资源整合能力较弱。中国企业联合会、中国企业家协会等测算，2021 年，中国跨国公司 100 强的平均跨国指数仅为 15.07%，而世界跨国公司 100 强的平均跨国指数为 51.9%，是中国水平的三倍以上。[①]Wind 数据显示，2021 年，中国制造业上市公司海外收入超过 1000 亿元的仅有京东方和海尔两家，超过 100 亿元的不到 40 家。而网上数据显示，高通公司在中国仅一年的销售收入就高达 1432 亿元，英特尔则超

① 跨国指数是指一家公司在海外的经营活动占其全部业务活动的国际化程度，其计算公式为：
跨国指数=国外资产/总资产+国外销售额/总销售额+国外雇员数/总雇员数÷3×100%。

过 1300 亿元。三是品牌能力不强。Brand Finance 发布的“2022 年全球品牌价值 500 强”中，中国制造业企业入围 32 家，单位制造业增加值“世界品牌 500 强”企业数量仅为 8.4 个/万亿美元，[①]远低于美、法、英等国水平。而且，中国企业的品牌整体影响力和价值量也较低。根据国际品牌咨询机构 Interbrand 公布的 2021 年全球最佳品牌排名，表现最好的 100 个品牌中，中国仅有华为一家入围。各国单位制造业增加值“世界品牌 500 强”企业情况见表 4-5。

表 4-5 各国单位制造业增加值“世界品牌 500 强”企业情况

国家	“世界品牌 500 强”企业数量/个	制造业增加值/万亿美元	单位制造业增加值“世界品牌 500 强”企业数量/个 · 万亿美元$^{-1}$
法国	16	0.27	59.3
美国	95	2.34	40.6
英国	7	0.26	26.9
德国	13	0.76	17.1
日本	17	1.05	16.2
韩国	6	0.42	14.3
中国	32	3.82	8.4

2. 大企业带动中小企业发展动力不足

随着我国产业分工持续细化，我国大中小企业之间已经形成了相对良好的合作模式，但仍存在一些问题。一是大企业开放资源意愿与手段不足。各地都高度重视引导大企业带动中小企业发展，也有一些好的模式和做法。整体而言，大企业没有太强烈的动力开放自己积累的技术、资金和应用场景。而且，多数中小企业更注重产品销量和生产能力的提升，在研发创新能力上的投入有限，降低了大企业开放资源的动力。在带动模式上，很多大企业更愿意通过入股等形式与优质的中小企业进行合作，避免市场的外流。二是缺乏沟通协调机制。一般的大企业或整机企业都有相对固定的供应商，需求信息的流通传递较为封闭，中小企业往往无法及时了解大企业的配套需求。反过来，大企业也难以掌握中小企业的技术与产品开发动态，信息的不对称降低了合作的可能性。三是

① 各国数据可获得情况不一，为便于比较，统一选取各国 2019 年的制造业增加值数据。

大企业挤压中小企业利润空间。在企业合作过程中，由于大企业往往处于支配地位，中小企业往往处于被动地位，缺少话语权，议价能力较弱。一些整机企业为提高自身利润水平，持续压缩配套企业的采购价格，导致中小企业利润持续降低，恶化了企业间合作关系。

3．重点领域行业集中度仍然偏低

我国在钢铁等多个领域进行了大刀阔斧的兼并重组工作，淘汰了一大批低端落后产能，有效提高了行业集中水平。但我国工业整体仍处于“大分散、小集中”的发展格局，制造业整体集中度不高。一是各类产业载体数量众多。中国开发区网统计数据显示，截至 2021 年 4 月，我国国家级开发区和省级开发区共有 2728 家，而各种园中园、集聚区数量更多。二是中小企业数量庞大。以医药行业为例，截至 2022 年年底，我国存续的医药制造企业共计 4 万多家，其中，注册资本在 500 万元以下的企业达到一半左右。统计数据显示，我国医药制造业规模以上企业为 8750 家，而且还保持上升趋势。三是行业资源过度分散。行业集中度低直接导致的问题是资源分散、龙头企业实力偏弱。仍以生物医药行业为例，我国虽然有众多医药企业，也有庞大的国内市场，但至今为止没有出现与强生、辉瑞、诺华、葛兰素史克等类似的医药龙头企业/集团，在企业规模、创新能力及行业引领能力等方面与国际水平差距较大。英国医药咨询公司 IDEA Pharma 发布的 2021 年“医药创新指数”和“医药发明指数”排行榜显示，中国入围 TOP30 的企业仅有百济神州一家，其创新指数排名第 27 位，发明指数排名第 5 位；而美国有 14 家企业入围，创新 TOP30 和发明 TOP30 上榜企业数量都为 14 家。近年来我国生物医药制造企业数量见图 4-15。

不过，对于中国这样的大国而言，产业集中度并非越高越好。一方面，过高的产业集中度，难免会产生行业垄断，限制行业的正常发展。另一方面，我国产业规模庞大，如果行业过于集中的话，企业也会降低产业发展的韧性。但需注意的是，很多地区在发展工业的过程中，盲目跟风追求热点，利用土地财政等手段招引企业项目，导致企业间关联度小，无法形成协作配套关系。同时，部分地区为了降低断链风险，追求自我的小循环，造成低水平重复现象。

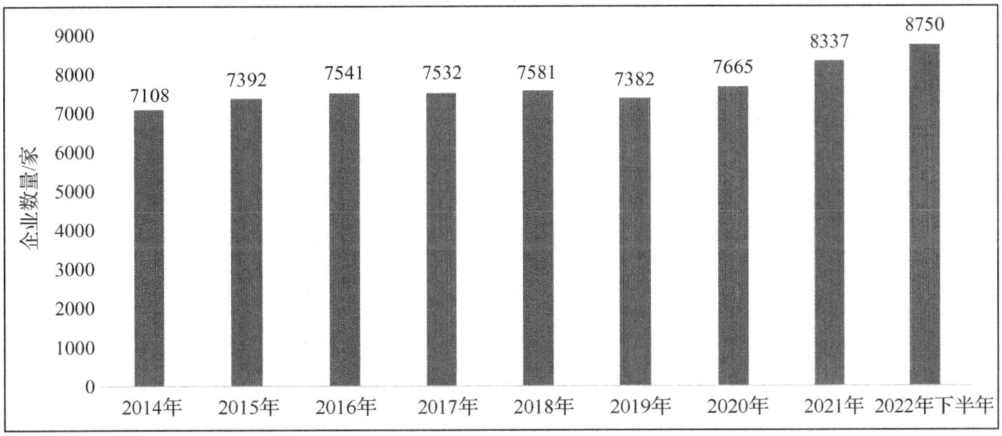

图 4-15 近年来我国生物医药制造企业数量

4．产业组织政策和管理亟待完善

我国一直致力于打通大中小企业之间的合作渠道，推动企业间融通发展，但在政策和机制方面仍不完善。一是缺少专业化的服务组织与平台。目前，推动大中小企业协作主要由企业或者政府部门牵头，推动的手段主要包括对接会、洽谈会等，推动手段相对单一、时效性差。相关专业机构较少，专业机构的服务水平和质量也不高，很多企业的需求信息挖掘不充分。二是地区间“条块分割”的产业政策降低了企业间的合作效率。我国地区间产业合作利益共享与分配机制仍处于探索阶段，很多地区间在产业合作方面竞争大于合作。在一些重点领域，各地之间往往通过产业政策进行引导扶持，而且各地方政策差异较大，不能实现有效衔接，企业的人才、资金、产能的合理流动受限。三是市场准入方面仍需持续改进。一些地方为扶持本地企业发展，在一些公共项目招标过程中，设置有利于本地企业的竞标条件，提高进入壁垒，其他地区的企业，尤其是民营企业或中小企业达不到招标的资格要求，面临“玻璃门”“弹簧门”“旋转门”等问题。

五、工业治理能力仍有较大提升空间

回顾历史，我国从工业管理走向工业治理，改革的成绩是显著的，但也不能否认，在历次的改革中还存在着不尽如人意之处，集中表现在以下四个方面。

1．工业管理部门的改革调整过于频繁

自改革开放以来，伴随着 9 次政府机构改革，工业管理体制相应发生了 6 次变革，工业管理部门几经废立，职能多次调整，甚至在一段时间内出现了弱化情形。例如，1988 年成立的机械电子部，在 1993 年被分拆为机械工业部和电子工业部；1988 年撤销能源部，1993 年又建立了电力工业部和煤炭工业部；1993 年将轻工业部、纺织工业部改为轻工总会、纺织总会，1998 年又把轻工总会、纺织总会改组为轻工业局和纺织工业局，归口国家经济贸易委员会管理。此外，2003 年改革中，直接撤销了主管工业发展的国家经济贸易委员会，相关职能并入了国家发展和改革委员会，我国第一次出现了由国家宏观经济管理部门代行工业管理职能的局面，但这也造成一段时间内，政府工业管理职能缺位，难以适应我国工业化快速推进的发展要求。回顾工业管理部门的历次调整，究其原因在于对工业的地位和作用认识不够，缺乏系统的理论指导，不仅导致工业管理部门对自身的职能定位和职责边界认识不清，而且造成社会上对发展工业的认知和态度难以达成共识。

2．工业领域管理权限分散在不同部门

在工业管理部门的频繁调整过程中，和工业领域相关的投资、审批、执行、监督等权限分散于不同的政府部门。在缺乏强有力的沟通协调机制的情况下，不同部门之间的相互博弈和利益冲突难以避免，对工业的健康发展造成了一定的负面影响。例如，国家发展和改革委员会负责审批重大项目，但工业和信息化部负责具体项目的实施、调控和推进。由于国家层面在工业管理方面存在一定的职能交叉，如国家发展和改革委员会及工业和信息化部在职能上有部分重叠，导致地方开展工业管理时会出现错位，有些地方经济和信息化局①需要同时对接国家发展和改革委员会及工业和信息化部两个部门；有些地方是经济和信

① 部分地方设经济和信息化局，如北京市、成都市、杭州市等；部分地方设经济和信息化委员会，如上海市等。

息化局主管水电气单位，但到省里却归能源局主管，而能源局隶属国家发展和改革委员会。这种职能的交叉和重叠会导致行政与资源要素统筹难度大、成本高、摩擦多，无形中增加了企业的交易成本。

3．行业协会作用未能得到充分释放

行业协会是政府与企业之间沟通和联系的桥梁，也是行业自治管理的重要形式。一方面，企业需要经常了解政府的意图，向主管部门反映自己的需求；同时，政府也需要通过某种方式与渠道了解企业的需求。行业协会在代表成员利益、反映成员诉求的同时，也可以将政府的意图和措施更加有效地传递给企业，提高政策的针对性、可行性和最终成效。另一方面，企业也需要及时获取关于宏观经济、技术发展趋势、现代化管理等方面的信息，需要和产业链上下游企业开展联合技术攻关和市场拓展等。这些职能无法由政府主管部门承担，需要一个能站在行业高度为企业服务的组织。我国虽然成立了大量的行业协会，也在行业管理和服务中做了大量的工作，但我国行业协会的发展水平和服务质量相比发达国家，还存在不少问题。尤其是，我国行业协会大多是政府机构改革的产物，常常带着“官办”属性，存在财务管理不规范、涉企乱收费、服务能力不足等各种问题，亟待深化改革，形成政社分开、权责明确、依法自治的现代社会组织体制，协助政府对工业领域进行管理。

4．工业治理的手段和方法较为单一

由于对工业管理的主体和对象之间的关系研究不够深入，在政府应该管什么、不应该管什么、哪些应多管、哪些应少管等方面缺乏清晰而准确的定位。政府对企业的调控方式仍然较多依赖于行政命令、项目审批等传统的手段和方法，缺乏创新，致使政府职能转变难以到位，制约市场机制基础性作用的充分发挥。尤其是 2020—2022 年新冠疫情期间，工业领域数字化治理的手段和工具并不健全，很多实时数据的填报依靠人工，难以做出快速响应。与此同时，数字经济时代大量涌现的新业态新模式面临着新的治理问题，需要创新治理手段，才能解决平台垄断、算法合谋、数字鸿沟等问题。

第五章 | Chapter 5

新时代推进工业现代化的总体战略

党的十八大以来，以习近平同志为核心的党中央高瞻远瞩、总揽全局、把握大势，指导我国工业现代化建设取得了历史性成就，探索出一条符合科学经济规律、具有中国特色的工业现代化发展道路。进入新时代，要深刻领会工业现代化的时代要求，科学把握新时代赋予工业现代化的新内涵、新使命，以中国式现代化推动工业提质增效升级，为实现社会主义现代化强国建设目标提供重要支撑和强大保障。

第一节　深刻领会推进工业现代化的时代要求

党的二十大明确提出，“从现在起，中国共产党的中心任务就是团结带领全国各族人民全面建成社会主义现代化强国、实现第二个百年奋斗目标，以中国式现代化全面推进中华民族伟大复兴。”新时代工业现代化是社会主义现代化强国建设的重要支撑和保障，新时代带来的新变化要求对工业现代化发展逻辑进行重构和创新，要求我们必须拓展工业现代化的内涵，实现对工业发展意义的更新认识、对工业发展方向的更新指导、对工业发展路径的更新调整。

一、将创新驱动作为新时代工业现代化的根本动力

创新是一个民族进步的灵魂，是一个国家兴旺发达的不竭源泉。强大的科技能够有力支撑我国突破发达国家的围堵打压，跨越“中等收入陷阱”，从制造大国走向制造强国。习近平总书记曾多次强调，“实践反复告诉我们，关键核心技术是要不来、买不来、讨不来的。”“要加快构建以企业为主体、市场为导向、产学研相结合的技术创新体系，加强创新人才队伍建设，搭建创新服务平台，推动科技和经济紧密结合，努力实现优势领域、共性技术、关键技术的重大突破。”要深入实施创新驱动发展战略，把科技的命脉牢牢掌握在自己手中。一是强调实现高水平自立自强。只有把关键核心技术牢牢掌握在自己手中，才能真正掌握竞争和发展主动权，才能从根本上保障国家经济安全、国防安全和其他安全。要以国家战略需求为导向，集聚力量进行原创性和引领性科技攻关，坚

决打赢关键核心技术攻坚战。二是强调战略导向抢占科技制高点。习近平总书记指出，“要围绕国家重大战略需求，着力攻破关键核心技术，抢占事关长远和全局的科技战略制高点。”要瞄准世界科技前沿，加强对关系根本和全局的重大科学问题部署，实现前瞻性基础研究、引领性原创成果的重大突破。三是强调推动科技创新和经济社会发展紧密结合。科技创新绝不仅仅是实验室里的研究，而是必须将科技创新成果转化为推动经济社会发展的现实动力。我们要将企业作为技术创新的主体，还要正确处理好政府与市场的关系，提升创新成果转化效率。我们要坚持把创新作为第一动力，加快建立产学研深度融合的创新体系，提高制造业创新能力。

二、将产业结构优化作为新时代工业现代化的战略基点

当前，全球制造业格局发生深刻变化，制造业技术体系、生产模式、组织形态发生重大变革，我国正处在转变发展方式、优化经济结构、转换增长动力的攻关期，加快推动产业结构优化升级，是“十四五”乃至未来很长一段时间，我国产业发展需要立足的战略基点。产业结构优化升级是提高我国经济综合竞争力的关键举措，要加快构建现代产业发展新体系。具体到工业战线，就是要加快构建现代产业发展新体系。一是重视对传统产业的改造提升。要坚持利用信息技术和先进适用技术改造传统产业，深化信息技术在各行各业的集成应用，提高研发设计、生产过程、生产装备、经营管理信息化水平，提高传统产业创新发展的能力。二是强调对战略性新兴产业的大力培育。要加快壮大新一代信息技术、生物技术、新能源、新材料、高端装备、绿色环保，以及航空航天、海洋装备等产业，积极培育新技术、新产品、新业态、新模式，推动战略性新兴产业加快成为产业体系新支柱。三是明确对生产性服务业的全力支持。优化产业结构，必须把发展生产性服务业作为战略重点，不断提高服务业比重和水平。应根据先进制造生产模式，重点发展产品研发、生产设计、通信、现代物流、电子商务、软件、人力资源培训等细分行业，强化信息技术和数字技术对生产性服务发展方向的引领，重点培育一批信誉高、服务好的生产性服务

业企业，提高生产性服务业产品供给质量，不断延伸制造业产业链。

三、将生产模式变革作为新时代工业现代化的重要任务

进入 21 世纪以来，以互联网为核心的新一轮科技和产业革命蓄势待发，人工智能、虚拟现实等新技术日新月异，虚拟经济与实体经济的结合，将给人们的生产方式和生活方式带来革命性变化。要推动传统产业高端化、智能化、绿色化，推动全产业链优化升级，积极培育新兴产业，加快数字产业化和产业数字化。一是强调数据对生产方式变革的重要作用。数据作为新型生产要素，对传统生产方式变革具有重大影响。数字经济的特性决定了其不仅是传统产业改造升级的重要工具，而且是经济发展的新动能，成为催生新业态、新经济出现的最大推力。二是强调以智能制造推动产业升级。习近平总书记指出，“要以智能制造为主攻方向推动产业技术变革和优化升级，推动制造业产业模式和企业形态根本性转变，以‘鼎新’带动‘革故’，以增量带动存量，促进我国产业迈向全球价值链中高端。”要加快推进新一代信息技术和制造业融合发展，推动工业互联网创新发展，夯实融合发展的基础支撑，提升制造业数字化、网络化、智能化发展水平。三是强调绿色发展理念与生产方式相结合。要发展绿色低碳产业，健全绿色低碳标准体系，加快重点行业能源节能低碳转型，构建绿色低碳供应链，大幅提升重点行业能源利用效率和重点产品能效水平，实现资源利用效率最大化、环境影响最小化，推动形成绿色低碳的生产方式和生活方式，提高经济绿色化程度。

四、将企业组织模式创新作为新时代工业现代化的关键抓手

企业是工业体系的基本组织单元。产业组织模式决定了企业间分工合作的效率，是影响工业现代化推进成效的重要因素。经过多年发展，我国各类市场主体发展壮大，产业联盟、产业集群、产业链等多种产业组织模式不断创新，有效支撑了工业的持续健康发展。习近平总书记高度关注市场主体的发展和产业组织创新，多次作出重要指示批示，指明了未来的发展和提升方向。一是强

调要做优做强大企业。习近平总书记指出，“加快建设一批产品卓越、品牌卓著、创新领先、管理现代的世界一流企业，在全面建设社会主义现代化国家、实现第二个百年奋斗目标进程中实现更大发展、发挥更大作用。”面向工业现代化建设需求，要做优做强龙头企业，培育一批具有话语权和领导权、能够引领产业链发展的“链主”企业。二是重视“专精特新”中小企业发展。中小企业联系千家万户，是推动创新、促进就业、改善民生的重要力量。“专精特新”中小企业是中小企业中的佼佼者，是推进工业现代化的重要力量，要扶持一批掌握核心技术、具有高成长性的隐形冠军企业，为提升产业链供应链稳定性、推动经济社会发展发挥更加重要的作用。三是注重以链群组织为载体的新型组织模式。习近平总书记提出，“要强化企业创新主体地位，打造有国际竞争力的先进制造业集群，打造自主可控、安全高效并为全国服务的产业链供应链。”我们要推动产业链集群发展，构建上中下游、大中小企业创新协同、产能共享、供应链互通的产业链“生态圈”，打造一批先进制造业集群，成为推进工业现代化的重要载体。

五、将现代化治理作为新时代工业现代化的重要制度保障

全面建设社会主义现代化国家、全面推进中华民族伟大复兴[①]，是我们党确立的伟大目标，要实现这个目标，必须把制度建设摆在更加突出的位置。因此，党中央、国务院提出，要坚持和完善中国特色社会主义制度、推进国家治理体系和治理能力现代化。[②]我国经济发展获得成功的一个关键因素，就是我们既发

① 全党全军全国各族人民要紧密团结在党中央周围，牢记空谈误国、实干兴邦，坚定信心、同心同德，埋头苦干、奋勇前进，为全面建设社会主义现代化国家、全面推进中华民族伟大复兴而团结奋斗！源自：党的二十大报告。

② 党中央统筹中华民族伟大复兴战略全局和世界百年未有之大变局，召开七次全会，分别就宪法修改，深化党和国家机构改革，坚持和完善中国特色社会主义制度、推进国家治理体系和治理能力现代化，制定“十四五”规划和二〇三五年远景目标，全面总结党的百年奋斗重大成就和历史经验等重大问题作出决定和决议，就党和国家事业发展作出重大战略部署，团结带领全党全军全国各族人民有效应对严峻复杂的国际形势和接踵而至的巨大风险挑战，以奋发有为的精神把新时代中国特色社会主义不断推向前进。源自：党的二十大报告。

挥了市场经济的长处，又发挥了社会主义制度的优越性。具体到工业领域的制度体系和治理能力建设，长处和优越性主要体现在三个方面。一是毫不动摇巩固和发展公有制经济，毫不动摇鼓励、支持、引导非公有制经济发展。习近平总书记指出，“我们强调把公有制经济巩固好、发展好，同鼓励、支持、引导非公有制经济发展不是对立的，而是有机统一的。”“公有制经济、非公有制经济应该相辅相成、相得益彰，而不是相互排斥、相互抵消。”①在工业现代化进程中，要坚持和完善基本经济制度，为各种所有制经济搭建一个公平、公正、公开的营商环境，确保公有制经济和非公有制经济权利平等、机会平等、规则平等，充分激发各类市场主体活力、解放和发展社会生产力，创造更多物质财富，满足人民日益增长的美好生活需要。二是充分发挥市场在资源配置中的决定性作用，更好发挥政府作用。习近平总书记强调，“要坚持社会主义市场经济改革方向，继续在社会主义基本制度与市场经济的结合上下功夫，把两方面优势都发挥好。”②要继续从广度和深度上推进市场化改革，把市场机制能有效调节的经济活动交给市场，把政府不该管的事交给市场，各方面改革朝着建立完善的社会主义市场经济体制这一方向协同推进，推动资源配置实现效益最大化和效率最优化。三是强调加快完善社会主义市场经济制度。习近平总书记指出，“要强化制度执行力，加强制度执行的监督，切实把我国制度优势转化为治理效能。”③要充分利用数字技术不断创新工业治理的手段和方法，健全以规划为战略导向，以产业政策为主要手段，产业、科技、人才、金融等政策相互紧密配合，目标明确、分工合理、高效协同的工业治理体系。

第二节　新时代工业现代化的科学内涵

在党的十九届五中全会上，习近平总书记深刻阐明了中国式现代化的五个

① 《毫不动摇坚持我国基本经济制度　推动各种所有制经济健康发展》，中国政府网，2016 年 3 月 9 日。

② 习近平：《不断开拓当代中国马克思主义政治经济学新境界》，《求是》2020 年第 16 期。

③ 《习近平主持中央政治局第十七次集体学习并讲话》，中国政府网，2019 年 9 月 24 日。

方面特征。中国式现代化是人口规模巨大的现代化，是全体人民共同富裕的现代化，是物质文明和精神文明相协调的现代化，是人与自然和谐共生的现代化，是走和平发展道路的现代化。党的二十大报告更是发出伟大号召，“从现在起，中国共产党的中心任务就是团结带领全国各族人民全面建成社会主义现代化强国、实现第二个百年奋斗目标，以中国式现代化全面推进中华民族伟大复兴。”工业现代化是中国式现代化在工业部门的具体体现，是实现中国式现代化的必要条件。面向新时代，推进工业现代化始终将满足人民的消费需求放在首位，体现了以人民为中心的发展思想，这是与西方工业现代化进程的重要区别。不同于西方国家“先污染后治理”的工业现代化老路，我国始终将绿色可持续发展放在重要地位。在借鉴国外先进经验的基础上，我国通过自主探索形成了不同于发达国家的“工业 1.0”“工业 2.0”“工业 3.0”“工业 4.0”叠加发展的“并联式”发展模式，体现了我国的工业现代化是包容、开放、互利、共赢的。新时代工业现代化的内涵，既要遵循世界工业现代化的一般规律，又要体现我国工业发展的特色化需求，其科学内涵突出体现在以下五个方面。

一、以自立自强创新体系为核心动力的工业现代化

工业现代化是科技与生产紧密结合的产物。回顾历史上的三次工业革命，可以发现，工业现代化最大的特征就是将当时最为先进、最具颠覆意义的科学技术应用于工业生产的各个环节，使工业达到世界先进水平。当前，新一轮科技革命和产业变革风起云涌，再次给工业生产方式、价值创造方式、产业联系与布局带来巨大变化。历史证明，谁抓住了技术创新的契机，引领了工业革命的发展，谁就能率先实现工业现代化。反之，若是没有认识到创新的战略意义，将会出现工业发展的停滞、中断甚至倒退。由此可见，创新始终是工业现代化的动力来源，需要高度重视创新、依靠创新，让创新的潜力不断释放，抢占全球工业竞争制高点。

科技自立自强是我国推进新时代工业现代化建设的必由之路。科技自立自强是一个国家繁荣昌盛的重要前提。当前，科技的渗透性、扩散性、颠覆性特

征愈加明显，正在引发新工业革命，并重塑全球产业竞争格局。如果缺乏独创独有的能力，不能实现科技自立自强，没有在战略性科技领域实现重大突破，就难以在新一轮科技和产业变革中占据主动。只有把核心技术掌握在自己手中，才能真正掌握竞争和发展的主动权，才能从根本上保障国家经济安全、国防安全和其他安全。过去，我国通过“引进消化吸收再创新”形成了一定的后发优势，但是这种模式下，很多底层、源头性技术仍被牢牢掌控在发达国家手中。随着我国制造业竞争力的不断提升，部分领域已经具备了“并跑”甚至“领跑”的能力，对自主创新和原始创新的需求更加强烈。加之，以美国为首的发达国家对我国设置技术壁垒，原先的创新模式不再适用，亟须我国通过自主创新、原始创新，突破关键共性技术难题。

二、产业体系兼具竞争力与韧性的工业现代化

产业体系竞争力的提升，突出体现在产业结构的演进升级，是实现工业现代化的重要内容。任何国家在进行或完成工业化过程中都会经历多次产业结构的调整。由于结构调整与经济增长之间存在内生规律，所以不同国家虽然工业化的时间不同，但其历程却颇具相似性，在人均产值的高增长率与产业结构的高变换率之间，在各行业不断更替与演进之中形成了共性规律，成为早发国家和后发国家制造业结构不断演进与优化的根本遵循。

兼具竞争力与韧性是新时代推进工业现代化建设的重要内容和体现。我国工业现代化面临的国内外形势发生了巨大的变化，推动产业体系优化升级，既要遵循工业化过程的一般规律，又要适应国内、国际的新变化和新情况，以构建新发展格局为战略导向，统筹发展与安全、内需与外需，统筹构建更具竞争力和韧性的产业体系。一方面，提升竞争力是产业体系优化的根本方向，要求我们切实维护好工业规模体量优势和配套齐全优势，在保持制造业占比基本稳定的基础上，持续优化产业结构，大力发展新兴产业，建立高质量的现代产业体系。另一方面，提升韧性是增强我国发展自主性和安全水平的必然选择，要求我们立足国内大市场优势和外部需求，补齐产业发展短板，巩固优势产业领

先地位，发挥数字经济在提升产业韧性中的支撑作用，打造国际比较新优势，提升产业体系的互动性、协同性、安全性。

三、数字化、低碳化深度推广应用的工业现代化

一代工业革命催生一代生产模式，生产模式现代化是工业现代化的重要标志。生产模式的变革是随着科学技术的发展而不断变化的，纵观制造工业发展史，生产模式总体经历了以技能为中心的手工生产、以产品为中心的大规模生产、以市场为中心的精益生产和以顾客为中心的大规模定制生产四个阶段，这四个阶段与历次工业革命的演进历程基本同步。随着以人工智能、工业互联网、物联网等为基础支撑的新一轮科技革命和产业变革的深化演进，部分企业将最新的技术融入企业内部生产及供应链上下游各环节，涌现柔性制造、共享制造、虚拟制造等新制造模式，成为现代化工业发展新标志。推动生产模式不断革新，既是产业演进的客观规律，又是我国推进工业现代化的必然选择。

推动数字化、低碳化深度应用是新时代推进工业现代化的必然选择。新工业革命带来数字化转型机遇，而能否在数字化赛道上缩短与世界领先水平的差距成为工业现代化成败的关键。工业现代化要把握新一轮科技革命的历史性机遇，推动高增长数字产业和业态发展，利用网络化、分布式、自组织的新型生产组织和商业模式赋予工业全新面貌。工业现代化要主动重构工业生产方式，增强创新驱动能力，提升价值创造能力，强化市场应对能力，推动工业生产效率的跨越式提升。同时，面临“碳达峰、碳中和”目标约束，工业现代化要着力推动传统工业部门绿色化改造，不断优化工业生产能源结构，降低高耗能产业比重，构建规模领先、技术先进、体系完备的绿色产业体系，实现工业发展方式的根本转变。此外，全球产业发展还呈现高端化、服务化、集约化等重要趋势，涌现服务型制造、极端制造等新模式，也为先进生产模式推广应用提供了重要方向。

四、各类市场主体潜力充分释放的工业现代化

产业组织是企业市场关系的总和，稳定、高效的产业组织形式是推进工业

现代化的微观基础。一方面，产业组织决定了工业系统整体运转的效率和效能。生产分工是工业时代的一个重要特征，企业作为工业生产体系的基本单元，企业之间的连接关系与合作模式影响工业生产体系各组成部分之间的信息、要素等传递效率。另一方面，产业组织对技术创新、产业结构、生产模式、工业治理等方面有重要影响。只有企业之间形成紧密的协作关系，最新的技术成果才能在生产链条中得以推广，不同企业之间的生产模式和标准才能互相契合、互相兼容，治理模式和方式才能在企业之间顺利推广。工业现代化以生产和技术达到世界先进水平为目标，这就要求工业体系的基本组织单元——企业之间形成紧密的协作关系，从而推动各个部门形成最为合理的配置，构建合理、高效的产业组织，促进各类资源要素更为高效地使用。

各类市场主体潜力的充分释放是新时代推进工业现代化的必然要求。百年来，全球产业分工深度调整，经历了三次大的转变。先是从最早的产业间分工到产业内分工，之后从产业内分工到产品内分工，又从产品内分工到工序内分工，工序分工的层次越来越深、越来越细。经过近几十年的发展，我国工业企业整体实力显著增强，已形成一批规模体量较大、全球影响力较大的企业/集团，以及一批配套能力强、细分领域专的专精特新“小巨人”企业。但整体上，我国工业大企业大而不强的特征明显，大中小企业协作不顺畅问题依然突出。要充分发挥产业组织对效率的提升作用，就要求企业分工进一步专业化、精细化，企业之间联系更为紧密牢固，从而推动各类市场主体的潜力充分释放。

五、有效市场和有为政府更好结合的工业现代化

工业治理能力是工业现代化的制度保障。西方政治学家和管理学家主张用治理替代统治，是因为他们在社会资源的配置中既看到了市场的失效，又看到了国家的失效。世界银行在《治理和发展》报告中对治理的定义偏重规范和管理：“治理是通过建立一套被接受为合法权威的规则而对公共事务公正而透明的管理，是为发展而在管理一个国家的经济和社会资源方面的权力”。回顾我国工业发展历程，不仅通过机构改革提高了行政效能，而且通过激发市场活力显著

增加了工业产出；在具体实践中，更是创新了很多治理的工具和手段。例如，引导产业有序转移以促进区域均衡发展，“亩均论英雄”以显著提高资源配置效率。建立并不断完善我国的工业治理体系，既是工业领域改革开放不断推向前进的根本要求，又是应对当前国内外复杂形势和风险挑战的有力保证。

促进有效市场和有为政府更好结合是新时代推进工业现代化的重要保障。进入新时代，推进工业现代化对工业部门治理体系和治理能力提出了更高的要求，通过新的治理模式引导产业向高端、智能、绿色方向发展是新时代工业现代化的重要任务。习近平同志指出，“我国经济发展获得巨大成功的一个关键因素，就是我们既发挥了市场经济的长处，又发挥了社会主义制度的优越性。”①推进新时代工业现代化，就要继续在社会主义基本制度与市场经济的结合上下功夫，既要吸收市场经济的长处，又要充分发挥社会主义制度的优越性，不断创新工业治理模式，走科学治理、现代化治理之路，使得市场经济更好融入社会主义制度。

第三节 新时代推进工业现代化的基本准则

我国工业发展的理论逻辑、历史逻辑和实践逻辑（以下简称“三个逻辑”），共同决定了新时代推进工业现代化的战略方向与重点。当前及今后时期推进工业现代化，要在党的领导下，辩证把握“三个逻辑”，深刻领会新时代的战略要求，科学、系统地谋划我国工业现代化发展的总体战略。

一、坚持和加强党的全面领导

始终坚持党的领导是中国工业蓬勃发展的坚实政治保障。坚持党对中国工业现代化的集中统一领导，是中国工业百年奋斗历程的深刻总结，是坚持和发展中国特色社会主义的必由之路，体现了“三个逻辑”的统一。第一，党的领

① 《从“效”字看更好处理的政府和市场关系——习近平经济思想的生动实践评述之三》，中国政府网，2021 年 12 月 6 日。

导是创造中国工业发展伟大奇迹的坚强保障。中国共产党坚守初心使命，长期致力于运用科学方法做好经济工作，带领我国由落后的农业国快速迈入工业国行列，探索出一条具有中国特色的工业现代化道路。第二，党的领导是工业持续发展、推动实现共同富裕的必然要求。在党的集中统一领导下，我国基本建立了独立的、比较完整的工业体系，已经全面实现了小康社会。工业发展水平持续增强，将为实现全体人民共同富裕提供强大的物质支撑。第三，党的领导是科学应对百年未有之大变局、加快构建新发展格局的现实需要。面对各种不稳定、不确定的外部严峻挑战，必须加强党对工业发展的集中统一领导，统筹发展和安全，防范和应对可能影响工业现代化进程的系统性风险，提升产业链供应链韧性和安全水平，把发展主动权掌握在自己手中。

新时代要用好“党的领导”这一制胜法宝，在党领导下全面统筹推进工业现代化各项工作。党的二十大报告指出，“党的领导是全面的、系统的、整体的，必须全面、系统、整体加以落实”。推进新时代工业现代化，需要更加深刻地把握党领导的重要作用，尤其是要坚持把习近平新时代中国特色社会主义思想作为想问题、办事情、抓工作的根本遵循，深入学习贯彻习近平经济思想，深学细悟习近平总书记关于制造强国战略的重要论述和关于网络强国的重要思想，深刻把握推进工业现代化的重大意义、面临的形势和使命任务，把学习成效转化为推动工业高质量发展的生动实践。

二、坚持普遍性和特殊性相统一

新时代推进工业现代化过程中，既要遵循经济发展的一般规律，又要体现我国工业发展的特色化的需求，达到普遍性和特殊性的统一。

普遍性要求我们把握好工业现代化推进的一般路径与基本原理，充分吸收各国在推进工业现代化过程中形成的典型经验与共性规律。例如，各国推进工业现代化过程中，都不约而同地把技术创新作为推进工业现代化的核心驱动力，加快推动产业结构的优化调整，加快普及和推广当时的先进生产模式，推动企业之间的分工协作，在不同程度上发挥政策机制的引导作用等。相关学者从技术创新、产业结构、生产模式、产业组织和政府治理等角度，开展工业现代化的理论研究。

特殊性要求我们立足国情实际，探索形成适合我国发展的道路和模式。每种理论都有其适用范围和适用环境，各国推进工业现代化的重点和方向各有侧重。习近平总书记指出，世界上既不存在定于一尊的现代化模式，也不存在放之四海而皆准的现代化标准。新时代我们推进工业现代化，要遵循工业现代化发展的一般规律，要借鉴欧美国家的成功经验，但不能照搬其发展模式，必须从我国工业发展实际出发，以习近平新时代中国特色社会主义思想为指导，走出一条具有中国特色的工业现代化道路。

三、坚持继承性和创新性相结合

新时代推进工业现代化，要求我们既要一脉相承，又要与时俱进，在汲取不同历史时期的经验智慧的基础上，立足当前工业发展的阶段性特征进行探索创新。

继承性要求我们必须充分吸收我国不同时期工业现代化的宝贵经验，对于仍然先进适用的思想、路径和方法要保持战略定力。我国的工业发展是建立在长期探索基础之上的，具有厚重的历史沉淀。例如，我国一直将创新作为核心战略持续推进。新中国成立初期，毛泽东同志就向全国人民发出向科学进军的伟大号召；改革开放之后，邓小平同志提出“科学技术是第一生产力”的重大科学论断；党的十八大以来，习近平同志提出“加快建设科技强国，实现高水平科技自立自强”。新时代推进工业现代化不能另起炉灶，要对历史财富充分地吸收和继承。

创新性要求我们在理论和实践上都必须坚持探索突破，不断适应我国工业发展阶段和外部环境的变化。发展是建立在持续探索基础之上的，技术在变化、环境在变化、工业自身也在变化，推进工业现代化不能故步自封，必须保持改革创新的活力和动力，这也是我国工业现代化的宝贵历史经验之一。例如，新中国成立之后，针对当时重工业基础薄弱等局面，我国提出优先发展重工业的战略任务；改革开放之后，为推进产业结构升级和经济发展方式转变，我国提出要加快战略性新兴产业发展；党的十八大以来，为改变传统粗放的发展模式，我国提出高质量的发展目标。新时代推进工业现代化，应持续加快创新，探索形成新的路径与方法。

四、坚持中国化和时代化相融合

习近平新时代中国特色社会主义思想是中华文化和中国精神的时代精华，是马克思主义中国化时代化的集中体现。坚持中国化和时代化相融合，我们要以习近平新时代中国特色社会主义思想为统领，立足新时代的新趋势、新要求，服务于全面推进中华民族伟大复兴的战略全局。

中国化要求推进工业现代化建设，要立足我国当前以及未来发展的目标任务。党的二十大报告指出，“从现在起，中国共产党的中心任务就是团结带领全国各族人民全面建成社会主义现代化强国、实现第二个百年奋斗目标，以中国式现代化全面推进中华民族伟大复兴。”推进工业现代化的目标任务及各种战略安排，都要服务于这个大局。

时代化要求当前在推进工业现代化过程中，要充分对接新时代的特征需求。习近平总书记指出，当前，我国处于近代以来最好的发展时期，世界处于百年未有之大变局，两者同步交织、相互激荡。[①]在“新时代大变局”中把握工业现代化大方向，用好战略机遇期是工业现代化工作顺利推进的基本要求。

第四节　新时代推进工业现代化的路径选择

新时代推进工业现代化要以习近平新时代中国特色社会主义思想为指导，全面贯彻落实党的二十大精神，坚定不移走好中国式现代化新道路，坚持稳中求进工作总基调，完整、准确、全面贯彻新发展理念，加快构建新发展格局，

---

① 学而时习，《百年未有三大变局，总书记这些重要论述振聋发聩》，求是网，2021 年 8 月 21 日。

着力推动高质量发展，以社会主义现代化强国建设为根本目标，以自立自强创新体系为核心动力，以构建安全高效的现代化产业体系为关键支撑，以数字化、低碳化深度推广应用为主要路径，以充分释放各类市场主体潜力的链群组织为重要载体，以有效市场和有为政府更好结合的治理模式为根本保障，实现工业发展质的有效提升和量的合理增长，加快建设制造强国和网络强国，为全面建设社会主义现代化国家开好局起好步提供有力支撑。

一、坚持创新驱动，走自立自强的工业现代化之路

党的二十大报告指出，到 2035 年，我国发展的目标之一是“实现高水平科技自立自强，进入创新型国家前列”。为实现这一目标，必须坚持科技是第一生产力、人才是第一资源、创新是第一动力，深入实施创新驱动发展战略，坚持面向世界科技前沿、面向经济主战场、面向国家重大需求、面向人民生命健康，加快实现高水平科技自立自强。

当前，在工业现代化进程中，我国创新发展面临研发主体、创新速度、制造业全球地位的变化，是我们需要重点把握和应对的。第一，作为创新成果应用的前沿阵地，企业的创新能力尤为重要，亟须通过强化企业的创新主体地位，充分激发龙头企业的关键核心技术研发引擎作用，提升技术创新活动的带动力和组织力。第二，随着创新方式、创新能力的不断加强，技术创新迭代速度越来越快，需要以需求为导向，完善科技成果转移转化服务，大幅提高科技成果转移转化成效。第三，随着我国正在从工业欠发达国家向工业发达国家过渡，必须从“跟随模仿创新”向“自立自强创新”转变，以国家战略科技力量为引领，以自主创新和科技进步为驱动力，推动形成支撑我国经济高质量发展的创新发展体系。

二、坚持需求引领，走安全高效的工业现代化之路

习近平总书记指出，“产业结构优化升级是提高我国经济综合竞争力的关键举措。要加快改造提升传统产业，深入推进信息化与工业化深度融合，着力培

育战略性新兴产业，大力发展服务业特别是现代服务业，积极培育新业态和新商业模式，构建现代产业发展新体系。”这一系列的新理念、新思路、新提法，为我国优化产业结构、推动产业体系优化升级提供了思想指引。

当前我国产业发展的环境、基础条件不同于以往任何一个国家，这就注定了我国产业体系优化升级的道路不能遵循一定之规。一方面，要注重发挥好需求对供给升级的引领作用，把人民日益增长的美好生活需要作为工业发展的出发点和落脚点，更好地满足人民群众对更高品质物质生活的需要，更好地满足人民群众对地区经济繁荣的需要，更好地满足人民群众对优质就业机会的需要。另一方面，要坚持产业体系竞争力与韧性“双升级”，稳定制造业政策预期，科学设置制造业比重合理区间，持续增强 5G、高铁、电力装备、新能源、通信设备等领域的全产业链优势。发挥数字技术对经济发展的放大、叠加、倍增作用，促进农业、工业、服务业深度融合，增强产业体系的现代化水平。

三、坚持高端发展，走智能绿色的工业现代化之路

党的二十大报告提出，“实施产业基础再造工程和重大技术装备攻关工程，支持专精特新企业发展，推动制造业高端化、智能化、绿色化发展。”“完善支持绿色发展的财税、金融、投资、价格政策和标准体系，发展绿色低碳产业，健全资源环境要素市场化配置体系，加快节能降碳先进技术研发和推广应用，倡导绿色消费，推动形成绿色低碳的生产方式和生活方式。”“加快发展数字经济，促进数字经济和实体经济深度融合，打造具有国际竞争力的数字产业集群。”这一系列重要表述，为加快推进生产模式变革指明了方向。

新时代推进工业现代化，要顺应产业数字化、绿色化、高端化发展方向，坚持推动生产模式深化变革。一是要顺应数字化发展大势，实施制造业数字化转型行动，持续释放数据要素价值，加快企业数字化改造进程，探索形成和推广一批适合中小企业智能化转型的优质数字化服务产品和解决方案。二是要灵活运用绿色化新型技术，制定实施重点行业节能降碳改造计划，加大绿色低碳技术改造力度，提高工业资源综合利用效率和清洁生产水平。三是要积极适应

"服务+制造""制造+服务"等生产模式变革新趋势，引导企业结合自身特色优势，发展服务型制造、高端制造、前沿制造，推动产业向全球价值链中高端迈进。

四、坚持互利共赢，走链群协同的工业现代化之路

党的二十大报告高度重视企业发展，多维度部署企业培育的目标任务。例如，要"优化民营企业发展环境，依法保护民营企业产权和企业家权益，促进民营经济发展壮大"，要"完善中国特色现代企业制度，弘扬企业家精神，加快建设世界一流企业"。同时，党的二十大报告对产业链供应链和集群建设也提出明确要求。例如，要"推动战略性新兴产业融合集群发展，构建新一代信息技术、人工智能、生物技术、新能源、新材料、高端装备、绿色环保等一批新的增长引擎。"

面向新时代推进工业现代化建设，充分释放各类市场主体潜力，要坚持互利共赢大方向，培育优质企业梯队，加快企业合作向链群协作升级。一是要推动各类企业持续提升竞争力，形成一批特色突出、优势明显、发展活力足的企业群体。二是要充分利用物联网、大数据、人工智能等数字技术，创新企业合作模式，提高企业合作效率，形成一批黏性强、能效高的产业链群。三是注重开放合作，通过产业链供应链、先进制造业集群等建设深度融入全球产业体系。同时，面对当前复杂的国际环境，要把安全可靠作为产业组织建设的重要目标，提升对各类极端冲击的应对能力。

五、坚持深化改革，走科学治理的工业现代化之路

党的二十大报告强调了国家治理体系和治理能力现代化的目标，并提出要"坚持深化改革开放。深入推进改革创新，坚定不移扩大开放，着力破解深层次体制机制障碍，不断彰显中国特色社会主义制度优势，不断增强社会主义现代化建设的动力和活力，把我国制度优势更好转化为国家治理效能。"

推进新时代工业现代化，对工业部门治理体系和治理能力提出了更高的要

求，需要重点推进三个方面改革，探索科学治理的工业现代化之路。一是工业主管部门要适应新工业革命科技、创新、产业跨界融合趋势，完善行政职能，提高行政效能，深化工业治理体制改革。二是利用数字化手段创新工业治理模式，加强大数据、人工智能、区块链等技术在工业治理上的应用，探索精准治理、敏捷治理等新模式，引导产业向高端化、智能化、绿色化方向发展。三是完善要素市场化配置机制。培育和发展要素市场，让劳动力、资本、技术、数据等生产要素充分自由流动，进一步优化生产要素的供给和配置，释放新需求，培育新动能。

第六章 | Chapter 6

新时代推进工业现代化的战略任务

党的二十大报告对全面建成社会主义现代化强国制定了两步走战略：从二〇二〇年到二〇三五年基本实现社会主义现代化；从二〇三五年到本世纪中叶把我国建成富强民主文明和谐美丽的社会主义现代化强国。在全面建设社会主义现代化强国新征程上，要坚持以习近平新时代中国特色社会主义思想为指导，把党中央决策部署落到实处，从构建科技自立自强创新体系、打造安全高效产业体系、推广数字化低碳化的先进制造模式、完善链群协同的组织形态、推进工业治理体系现代化等方面，推进工业现代化进程，为制造强国和网络强国建设，为全面建成社会主义现代化强国，为实现中华民族伟大复兴的中国梦做出新的更大贡献。

第一节　构建科技自立自强的创新体系

工业现代化最突出的特征就是将先进的科学技术应用于工业发展的各个环节。党的二十大报告指出，必须坚持科技是第一生产力、人才是第一资源、创新是第一动力，深入实施科教兴国战略、人才强国战略、创新驱动发展战略，开辟发展新领域新赛道，不断塑造发展新动能新优势。要发挥我国超大规模的市场优势，为原始创新技术和创新产品提供大规模应用场景，以及小步快跑、快速迭代的机会，为掌握关键核心技术的高新技术企业提供成长空间和竞争机会，从而在更高层次上形成需求牵引供给的动态平衡，为科技创新领域提供技术支撑。

一、建设以企业为主体的创新体系

全面提升企业的原始创新能力是实现科技自立自强的重要基础。建立健全以企业为主体的技术创新体系，从宏观层面来看，有助于促进经济增长方式，实现由要素驱动向创新驱动转变；从微观层面来看，有助于充分发挥企业的主导作用，加快产学研协同创新，推动企业、高校及科研院所形成强大的创新合力。一是培育一批创新型企业。发挥科技型骨干企业的引领支撑作用，引导科技型骨干企业建设高水平研发机构和平台，超前布局产业前沿技术和颠覆性技术。加大对科技型中小微企业的创新扶持力度，为科技型中小微企业成长营造有利环境。二是打造以企业为主导的产学研协同创新体系。发挥龙头企业的生态主导作用，支持企业牵头组建创新联合体，以目标为导向，整合各类创新资源，联合开展科技攻关，促进科技成果转化和产业化水平提升。进一步提升校企交流效率，以促进产业发展为目标、市场需求为导向，开展联合攻关。鼓励龙头企业打造产业创新联盟、创新生态系统等，打造与各创新主体沟通协作的立体平台。发挥高校及科研院所的主观能动性，开展咨询、转让、许可、委托开发和合作开发等，为企业提供从研发到应用，乃至知识产权管理、检验检测等“一站式”服务。三是营造企业自主创新的良好生态。要切实增强企业自主创新的紧迫感、危机感和使命感，使企业自觉树立创新理念。健全企业科技评价体系，健全创新攻关“揭榜挂帅”制度，建立以解决实际问题、攻克关键核心技术为标准，以需求为牵引的评价机制。落实国有企业创新的考核、激励和容错机制，健全完善民营企业获取创新资源的公平性、便捷性措施，赋予企业创新更大的自主权。

二、加快探索政府与市场合力的新型举国体制

新型举国体制是我国的一大制度优势，是新时代政府与市场关系在创新领域的集中体现。1949 年以来，我国充分发挥举国体制的统筹协调作用，将更多资源和力量整合到一起，集中突破关键技术。同时，我国发挥规范引导作用，聚焦既定目标，完成重大战略任务，推动“两弹一星”、核潜艇等领域进入世界先进行列。新时代的科技创新，同样需要通过新型举国体制合理调配资源。要以国家战略需求为导向，集聚力量进行原创性、引领性科技攻关。一是建立非营利性国家研发机构。强化政府部门的组织和统一管理功能，仿照德国弗劳恩霍夫研究院的组织形式，建立公益性、非营利性的科研机构，如国家技术研究院等，协助企业解决自身创新发展中面临的问题。推动科技创新和经济社会发展深度融合，进一步优化科研力量布局，强化产业技术供给，促进科技成果

转移转化。有效衔接国家战略科技力量，促进科技人员合理流动，强化关键共性技术攻关能力。二是充分发挥政府与市场在新型举国体制中的作用。通过政府无偿拨款、企业委托项目、公共竞争项目等多种形式，引导国有资本和民间资本共同参与国家级研发机构的经营，完善国家级研发机构的经费分配方式。充分发挥市场机制在配置创新资源中的决定性作用，由企业主导试验开发、成果转化等环节，围绕消费者需求开展试验开发活动，将基础研究等科学研究的成果通过产业化的方式转化为生产力。完善技术研发项目的成本分担机制和利益分享机制，建立与创新能力和创新绩效相匹配的收入分配机制，形成竞争择优、分配公平的长效机制。

三、以超大规模内需市场优势促进成果转化

创新很多时候不是凭空而来的，需求是主要的创新来源。对技术、产品、产业而言，相比于新技术创造新需求，更多的创新活动来自需求牵引、场景驱动。没有需求，产品创新如同无源之水、无根之木。但是也要认识到，需求质量比需求规模更重要。高质量的需求包含丰富的技术知识信息，既是企业创新可便捷利用的重要资源，又是企业创新的压力来源和重要方向，可使企业避免囿于低水平产品市场的恶性竞争。从我国的基本情况看，我国正处于中等收入群体加速形成阶段，随着小康社会的全面建成和共同富裕的扎实推进，庞大的中等收入群体正重塑消费市场，催生大量中高端需求，亟须企业加快创新研发步伐，提升产品供给质量，以便满足人民群众对美好生活的需要。一是发挥我国超大规模市场优势，促进技术创新迭代。超大规模市场对推动新技术产业化、规模化应用的作用十分明显。超大规模市场有利于稳定技术产品的销售收入，能有效保障持续创新，有利于激发新技术应用创新，促进技术快速迭代。我国应在人工智能、智能网联汽车等前沿产业领域，针对安全、高效等应用需求，建设若干重大场景。二是进一步加大场景创新力度。场景创新是以新技术的创造性应用为导向，以供需联动为路径，实现新技术迭代升级和产业快速增长的过程。要推动企业成为场景创意提出、场景设计开发、场景资源开放、场景应

用示范的主体，大力支持专精特新“小巨人”企业、独角兽企业、初创企业等积极开展场景创新，实现业务成长。充分发挥政府的引导作用，在制造、物流、金融、交通、家居、消费等重点领域深入挖掘智能制造、无人驾驶、智能家居等应用场景，构筑场景创新高地。

四、提升原始性前瞻性研究能力

当前，随着新一轮科技革命和产业变革深度演进，国与国之间的科技较量已经下沉到基础研究、共性基础技术、科技基础设施建设等战略科技能力对抗领域。从我国来看，我国在通信设备、轨道交通装备、电力装备等领域具有较大的领先优势，应着眼于原始创新能力的提升，在人工智能、量子信息、基因技术、未来网络、深海空天开发、氢能与储能、新材料等前沿科技领域，把准战略方向，大力开展原始创新。一是进一步系统提升基础能力。进一步完善基础学科门类，支持有条件的高校设立新兴交叉学科，布局一批基础学科研究中心，开展数学、物理、化学等基础学科前瞻性、引领性和独创性基础理论研究和前沿方向探索，推动更多“从 0 到 1”重大原始创新成果的涌现。二是充分尊重原始创新活动的自身规律。原始创新包括从研究开发到技术转移和产业化，再到大规模生产的各个环节，是一个漫长的过程，涉及多个部门的知识和经济活动。我们不应抱着“急功近利”的心态，要充分尊重客观规律，加强创新生态建设，营造有利于原始创新的制度改革和人才培养。三是积极融入全球创新网络。更深层次地参与国际分工，集聚全球资源、人才、资金、信息等，推动我国核电、风电、新一代信息技术等新技术转移扩散，支持我国高新技术产业和创新型企业加快“走出去”，鼓励科研机构、高校建设海外科教基地和研发中心。针对具有一定技术优势的产业，与他国开展紧密型、实质性的科技合作，争取实现技术“弯道超车”。

五、统筹推进“锻长板”与“补短板”

当前，由于产业基础能力不足、国民经济循环不畅，以及部分核心环节和关键共性技术受制于人，我国产业链供应链的“断点”“堵点”“痛点”仍然存在。要在关系国家安全的领域和节点构建自主可控、安全可靠的国内生产供应体系，在“补短板”的同时“锻长板”。一是“补短板”，在重点领域定期开展产业基础能力评估，并根据评估结果，从国家、地方、企业层面分梯度组织推动产业基础技术攻关。对与世界领先水平差距大、短期难以赶超的重点产品，以项目为抓手，探索攻关“里程碑”节点管理，开展包括关键共性技术研发、公共试验平台建设、批量生产、示范推广等工作，突破一批技术瓶颈和技术短板。二是“锻长板”，针对具有领先优势且短期内难以被替代的长板产品或技术，发挥“集中力量办大事”的制度优势，战略性配置创新资源，实行特殊状态下的创新政策和产业政策，从标准制定、生态营造、规则设定、质量控制等方面，有针对性地形成一套政策组合拳，着力拉长领先优势。

第二节　打造安全高效的产业体系

党的十八大以来，我国产业结构不断调整优化，产业体系更加完备，有力支撑了全面建成小康社会。进入新时代，国内外发展环境的新变化，对制造业进入新的发展阶段提出了新的要求。在推进工业现代化的过程中，必须正确认识制造业高质量发展对全面建设社会主义现代化国家的重要意义，切实维护好制造业在规模体量庞大、产业配套完整、劳动力素质稳步提升的比较优势，持续优化产业结构，建立优质、高效、创新的现代化产业体系，推动制造业实现质的有效提升和量的合理增长。

一、保持制造业在国民经济的主体地位

当前，我国已处于工业化后期，制造业占 GDP 的比重下降有其客观规律性，也与发达国家发展历程相类似。例如，美国制造业占 GDP 的比重由 1953 年的 28.3%降至目前的 10.9%。近年来，中国制造业占 GDP 的比重出现下降过早、过快的现象，需要保持高度警惕。目前，中国仍然是世界最大的发展中国家，工

业现代化任务尚未完成，人均 GDP 仍然较低，制造业作为技术创新的主战场和主要的物质生产领域，仍然是国民经济增长的重要引擎。如果在劳动生产率还较低时，生产要素就从制造业抽离，会阻碍制造业自身的转型升级，导致制造业占 GDP 的比重下降偏快，影响国民经济生产效率的提升，还可能引发产业空心化、低端锁定、经济发展失速等风险。因此，现阶段保持制造业占 GDP 的比重基本稳定是非常有必要的。一要持续优化提升传统制造业。当前，传统产业仍然占到我国全部制造业的 80%以上，是工业的基本盘，稳住制造业占比要高度重视稳住传统产业。实施传统产业改造提升工程，加大技术改造和设备更新力度，推动数字化、网络化、智能化转型升级，推动传统优势产业持续健康发展。二要大力发展优质制造。要深入开展质量提升行动，落实企业主体责任，健全质量管理体系，立足扩大内需，在增品种、提质量、创品牌上下功夫，推动“中国制造”在全球产业价值链中向中高端提升。

二、推动高成长性新兴领域的培育和发展

新兴产业是在创新技术的突破和社会需求变革的背景下应运而生的，是通过技术的创新来满足人民日益增长的美好生活需求的产业，对经济社会全局和长远发展具有重大的引领和带动作用。新兴产业是新时期推进工业现代化、构建现代产业体系的必由之路，是构建产业体系新支柱、激发经济增长新动能、填补创新空白、赋能传统发展的重要组成部分。尤其是在 2020—2022 年新冠疫情期间，催生了大量数字化经济消费的“无人接触”新场景，服务类机器人、无人超市、AR 试衣、无人机配送等场景层出不穷。未来，消费模式将被数字化生存逻辑改变，大量新需求、新职业被创造出来，逐步发展成为推动中国经济发展的重要着力点。进入新时代，一要抢抓战略机遇期，加快布局新兴产业。立足我国产业规模优势、配套优势和部分领域先发优势，加快关键核心技术工程化、产业化，引导科技、金融、数据、人才等要素向新一代信息技术、生物技术、新能源、新材料、高端装备、绿色环保，以及航空航天、海洋装备等新兴产业集聚。二要探索建立新技术、新业态的应用场景。支持发展基于人工智

能等技术的智能经济，加快优化智能化产品和服务运营，培育智慧销售、无人配送、智能制造、反向定制等新增长点。

三、注重优势产业地位的巩固提升

近年来，随着供给侧结构性改革持续深入和加快推进科技自立自强，我国在基础研究和原始创新方面的实力持续增强，一些关键核心技术实现突破，在载人航天、探月探火、深海深地探测、超级计算机、卫星导航、量子信息、核电技术、新能源技术、大飞机制造、生物医药等领域取得重大成果，自主创新能力明显提升，已经成功迈入创新型国家行列。新征程上，面对复杂严峻的国际形势、艰巨繁重的国内改革任务，我国还要继续发力，巩固优势产业领先地位，增强产业链抗风险能力、内生动力和国际竞争力。一要聚焦优势产业，提升国际竞争力。在 5G、高铁、电力设备、新能源、通信设备等领域，充分利用国内产业规模、配套优势和部分领域先发优势，持续强化全产业链优势，聚力提升产品品质，打造一批“杀手锏”和“独门绝技”，压实国际产业链对我国的黏合关系。二要加快推动优势产业迈向价值链高端。持续推进优势产业结构调整，通过优化要素配置和调整生产结构来提高供给体系质量和效率，促进制造业向高端化、智能化、绿色化升级迈进，全面支撑现代化产业体系建设，推动我国制造业实现由大变强的历史性跨越。

四、强化对现代农业和现代服务业的支撑协同

工业化是现代化的基础和前提，是促进国民经济中一系列基础生产函数连续发生由低级到高级突破性变化的过程。当前，我国已实现全面建成小康社会，进入全面建设社会主义现代化国家的新阶段新征程。工业化发展给现代农业创造了物质技术基础，对现代服务业发展发挥着重要的支撑引领作用，已经越来越成为推动三次产业协同、促进国民经济高质量发展的核心力量。因此，推进工业产业体系现代化建设，进一步强化对现代农业和现代服务业的支撑，已经成为构建现代化产业体系的迫切需要。具体来看，一要加快推动农业生产工业

化。大力发展农机装备制造业，以现代化农机装备武装农业生产，解放农业生产力，促进农业增效。坚持创新驱动引领，以提升产品技术含量和全产业链竞争力为目标，创新高科技含量、高附加值的生产服务，持续推动制造业核心技术攻关。二要促进先进制造业与现代服务业深度融合。释放新型生产要素数据对先进制造业和现代服务业发展的叠加、倍增作用，实现信息共享与控制协同。运用新一代信息技术，推动服务型制造新业态新模式，如定制服务、供应链管理、共享制造、检验检测认证、全生命周期管理、总集成总承包等，以两业融合促进生产性服务业发展水平扎实提升。

第三节　推广数字化、低碳化的先进制造模式

先进制造能力是指运用先进适用材料、工艺、技术、流程、设备、管理进行安全、高效、清洁加工制造的能力，以提供社会需要的高质量、高性能工业品。先进制造能力随着科学技术的发展而不断变化，每一次技术飞跃都会带来工业生产模式变革，从而推动工业效率大幅度提升。如果不顺应发展大势加快生产模式转变，那么，未来我国制造业生产能力和规模优势就有被严重削弱的风险。新一代信息技术与制造业的深度融合，不仅促进制造业智能化发展，而且为“碳达峰、碳中和”的实现提供了可行的技术工具和手段。

一、深入推进数字化发展模式

当前国际形势日益复杂，各国加速制造业改造和升级，以自身巩固地位、开发新的竞争优势，数字化升级成为这一轮产业升级的重中之重。数字化生产模式可以实现制造业中大量重复性人工劳动的替代，为企业降本增效，同时也能够反馈需求端建议，反向指导企业生产，使企业更了解自己的客户。但仍有一些企业没有认识到数字化转型的必要性、紧迫性和复杂性，由于制造业的各个细分行业千差万别，处于各个产业链不同位置的企业具有很强的独特性，数字化转型的突破口也是千差万别，并没有可以直接照搬的模板。要顺应数字化

发展趋势，坚定不移地实施国家大数据战略，统筹发展和安全，以释放数据要素价值为导向，加快企业数字化改造，不断推进制造业转型升级，为制造强国、网络强国、数字中国提供有力支撑。一是促进新一代信息技术与制造业深度融合。利用大数据、5G、工业互联网、云计算、人工智能、数字孪生等对工艺流程和设备进行升级改造，持续推动工艺革新、装备升级、管理优化和生产过程数字化，如加强钢铁、建材、石油化工、有色金属等行业全流程精细化管理，扩大家电、纺织、食品等行业在个性化定制、柔性生产、产品溯源等方面的优势。开展工业互联网、智能制造等领域的试点示范，遴选工业互联网平台创新领航应用案例，着力培育一批面向行业场景的新模式、新业态解决方案。深入实施制造业数字化转型行动，推动工业互联网平台进基地、进园区、进集群。二是优化数字化转型环境。加速出台各类企业数字化转型指导文件，指导企业明确转型路径，加快转型步伐。加快新模式应用实施指南类标准的研制和推广，推动数据管理等国家标准贯标实施，重点开展两化融合管理体系、工业互联网、数字化供应链、数字化仿真等领域研究。完善制造业数字化转型人才培养体系，深化产教融合、校企合作等新模式。鼓励金融机构定向开放面向制造业数字化转型的金融服务产品。开展面向制造业数字化转型的新模式应用宣传培训，凝聚行业共识，形成发展合力，加快推进新产品、新模式、新业态的落地，构造门槛低、覆盖广、活力强的创新生态体系。

二、利用数字经济赋能中小企业

智能化转型是大势所趋，是应对数字经济时代的必然之举，也是实现企业转型升级的重要途径。企业智能化转型升级对内可以让企业提升生产效率和效益，对外可以打造自身核心竞争力，应对不断变化的市场竞争环境，这对于中小企业来说，是一条有效的“保命”途径。同时，大量中小企业也能创造更多的就业机会，进一步推进全体人民共同富裕的进程。目前，我国实施智能化转型的多为大型企业，97%的中小企业未开展智能化转型或还处于转型初期。受资金、人才、技术等方面条件制约，中小企业智能化转型面临多重困境。在推动中小企业智能化转型的过程中，一要坚持以中小企业需求为导向。围绕中小企业全方位需求，培育发展细分行业的智能化转型服务商，探索形成和推广一批“用得起、用得上、用得好、能用出效益”及适合中小企业智能化转型的优质数字化服务产品和解决方案，全面推进中小企业智能化转型加速、扩面、提质、增效，破解中小企业在智能化转型过程中面临的难点，培育一批智能化转型的样板企业。二要推动中小企业“批量”转型。当前，单个中小企业的转型面临投入成本高、成效慢等方面难题。要聚焦制造业重点领域，打造覆盖产业链供应链的数字化平台，引导中小企业“上平台”，通过输出数字化系统或各领域资源，指导和帮助链上中小企业进行数字化转型，既能提高转型的效能，又能全面提升产业的发展质量。工业互联网平台企业、数字化转型服务商等通过打造面向产业链或特定产业集群的大中小企业协同数字化转型解决方案，将资金、技术、人才、服务等资源向产业链上中下游的中小企业开放，助推企业智能化转型，形成一批可复制、可推广的中小企业“链式”智能化转型经验。

三、推动重点行业绿色低碳转型

绿色发展是解决生态环境问题的根本之策，是构建高质量现代化经济体系的重要途径，是实现人与自然和谐共生的必然选择。清洁、高效、低碳、循环等绿色理念、政策和法规的影响力不断提升，资源能源利用效率成为衡量国家制造业竞争力的重要因素。绿色制造已成为工业绿色发展的关键，其作为一种现代化制造模式，能达到资源利用效率最大化、环境影响最小化的效果。我国作为制造大国，还没有摆脱高投入、高消耗、高排放的发展方式，资源能源消耗和污染排放与国际先进水平仍存在较大差距。当前，资源环境承载能力已近极限，迫切需要加快推进制造业绿色发展。一要完善绿色制造体系。以重大工程、重大项目为牵引，以绿色产品、绿色工厂、绿色园区和绿色供应链管理为抓手，带动绿色技术推广应用、产业链供应链协同转型，支撑绿色制造发展。健全绿色低碳标准体系，根据“双碳”目标，制（修）订能耗、水耗、污染控制、资源综合利用及绿色制造管理体系等标准规范，优化产品设计、制造、使用、回收、再制造等环节的全生命周期绿色标准，细化完善绿色工厂、绿色工业园区和绿色供应链评价标准。积极开展低碳发展试点示范，在汽车、机械、电子、纺织、通信等重点领域，发挥龙头企业引领作用，鼓励企业选择绿色材料、实施绿色采购、优化绿色制造工艺、推行绿色包装、开展绿色运输、做好废弃产品回收处理，推动“链主”企业带动产业链上下游企业开展生产环节的节能降耗，持续提高资源能源利用效率。二要加快重点行业用能低碳转型。我国凭借资源禀赋，仍然保持以煤炭为主的消费结构，风电、光伏等非化石能源作为能源绿色转型、低碳转型的主力能源，占比仍比较低，且波动性大、不能连续稳定输出。系统推进能源消费低碳化转型的关键在于加速用能模式的低碳转型。要有序开展节能提效技术工艺改造，加大高效电机、变压器、锅炉等高效节能装备应用力度，围绕钢铁、石油化工、有色金属、建材等重点行业，以及数据中心、通信基站、通信机房等重点领域，不断提高能效水平。推动高耗能行业重点领域节能降碳行动，开展节能降碳诊断，列出改造清单台账，挖掘节能降碳潜力，制定切合实际的节能降碳改造计划，做好能效水平监测，不断拓展工业碳效码场景应用，大幅提升重点行业能源利用效率和重点产品能效水平，加速用能低碳化、智慧化、系统化转型。

四、持续提升质量品牌建设水平

在经济全球化时代，质量和品牌已成为制造业乃至国家核心竞争力的象征，代表着国家的信誉和形象。美国、德国等发达国家在推动现代化的过程中，都曾将“质量革命”上升为国家战略。实现现代化往往伴随着一批高质量、大品牌的强势崛起。近年来，我国品牌发展迅速，从高铁到新能源汽车，从智能手机到移动支付，我国品牌的知名度及影响力都大幅提升。但我国工业质量和品牌发展还存在一些亟待解决的问题，如产品质量发展不均衡、部分产品质量档次不高、与国际先进水平差距较大等。在我国“顺利开启全面建设社会主义现代化国家新征程、向第二个百年奋斗目标进军”的关键时刻，必须提高对制造业发展质量的重视，应毫不动摇地抓住供给侧结构性改革这条主线，积极推进质量品牌建设，加速产业向价值链中高端延伸，在新的制造业竞争格局中占据优势地位。一要完善质量标准和认证体系。世界公认的质量基础手段包括标准、计量、认证认可、检验检测等，发达国家在这些领域的较量日趋激烈。例如，日本充分发挥官方机构、民间团体、企业主体在制定标准和推动标准工作中的重要作用，建立以民间自愿性和企业自主性为主体、政府强制性标准认证为保障的质量体系。我国要加快构建国际前沿的制造标准体系，在先进制造领域推进综合标准化模式，建立先进标准化系统的验证测试公共服务平台。及时修订或新制生产技术标准，加快研制产业升级的关键技术标准，开展生产标准的应用试点示范。推进团体标准建设，持续引导、鼓励各类市场行为主体参与团体标准制（修）订。鼓励企业采用参照国际标准，设计中国制造标准名录，加大中国标准与制造强国标准的互认互证，增加标准互认的国家和标准数量，推动将中国标准嵌入国际标准。二要提升我国企业品牌价值。发达国家极为注重优势企业的品牌引领和国家质量品牌声誉的宣传和维护，将产品打上国家标签。制造业的质量品牌直接决定了一个国家的硬实力，事关国家的综合实力和经济安全。我国要持续在“增品种、提品质、创品牌”上下功夫，不断提升“中国制造”整体形象。鼓励企业着力开发新产品，积极探索个性化定制、柔性化生产，针对多样的需求提供个性化的产品，满足国内消费升级的需要。支持企业实施品牌战略，鼓励企业加强核心技术研发，注重产品外观设计、包装质量、售后服务等方面改造升级，持续强化品牌的质量形象与市场竞争力。加强循环利用、低碳绿色产品的研发和应用，不断提升节能、降耗设备的供给能力。

第四节 完善链群协同的组织形态

新时代要求下的产业组织现代化，是用当代科学技术和产业链群等先进产业组织方式来进行工业各类发展要素的调配优化，使企业之间的联系更加紧密高效。企业作为市场经济条件下最基本、最重要的市场主体，其发展直接影响我国社会主义市场经济的发展。推进工业现代化，必然依靠强有力的企业群体，充分发挥大企业的生态主导作用，带动和提升中小企业在各自产品领域形成独特优势，推动各类市场主体链群化发展。

一、塑造龙头企业的产业生态枢纽地位

龙头企业核心凝聚力强，在所属行业综合生态系统中具有影响力、支配力和引领力，对所涉产业链具有创新能力和发展潜力的中小企业有较强的识别能力，并能通过产业协同优势促进中小企业成长，使其融入产业链供应链和市场循环。党的二十大报告指出，强化企业科技创新主体地位，发挥科技型骨干企业引领支撑作用，营造有利于科技型中小微企业成长的良好环境，推动创新链产业链资金链人才链深度融合。面向工业现代化建设的需求，着力提升龙头企业的生态主导力，发挥龙头企业对产业链的资源整合和带动能力。一是增强龙头企业带动产业发展的动力。加大龙头企业在创新资源配置中的主导权，最大限度激发龙头企业带动产业链群发展的活力和动力，充分发挥龙头企业在技术创新、成果转化等方面的主体作用。推动龙头企业参与国家科技计划决策和立项论证过程，联合行业上下游中小企业和高校、科研院所等科研力量组建创新联合体，攻克制约产业发展的关键共性技术难题。二是鼓励龙头企业建立开放式产业合作平台。引导龙头企业优化采购、经费保障等相关制度流程，形成有利于采购中小企业产品的便利化工作机制，减少制度性障碍。鼓励龙头企业通过并购、引进、参股等方式开展延链、补链、强链等整合活动。通过引导龙头企业，把握区域现实条件和潜在优势进行错位发展，优化产业结构和空间布局，避免各地区同质化无序竞争及低水平重复建设。三是构建龙头企业与中小企业协同发展的产业生态。推动大企业支持同链条的上下游中小企业进行融资，缓解中小企业面临的融资难和融资贵等问题。通过在生产、技术、培训等方面给上下游配套企业提供专业化指导和人才支撑，带动产业链内大中小企业的人才链向专业化、高端化方向发展。依托龙头骨干企业打造海外服务体系，带动中小企业共同“出海”。同时，引导大企业加强合规管理，不得滥用市场优势地位形成行业垄断，以及对配套的中小企业设立不合理的条件与限制等。

二、提升中小企业的专业化配套能力

中小企业是数量最大、最具活力的企业群体，是社会主义市场经济的重要组成部分，是我国实体经济的重要基础。①中小企业既为广大人民群众直接提供了大量的物质产品和服务，又成为吸纳和调节就业的“蓄水池”。“专精特新”中小企业不仅是我国经济发展、产业壮大的重要支撑，而且是激发创新活力、稳定产业链供应链的重要力量。党的二十大报告指出，支持中小微企业发展。面向工业现代化建设需求，未来要持续提升中小企业服务水平，加强政策创新和服务优化，让尽可能多的市场主体都能够享受政府的各项政策和服务。一是要加大对中小企业的财税支持力度。加强对中小企业的权益保护，打造一批中小企业公共服务平台，从解决中小企业实际困难入手，在技术创新应用、人才培养方案、投融资咨询、项目对接活动等方面，借助第三方专业服务为企业“把脉问诊”，从而推动中小企业发展。二是引导中小企业提升专业化能力。我国各类型企业尤其是中小企业，数量多、分布广泛、发展情况多样，及时发现并解决中小企业运行中存在的问题，是发挥产业组织优势、提高产业组织效率的前提。引导中小企业走“专精特新”的发展道路，瞄准产业链供应链“补短板”“锻长板”“填空白”的关键环节，积极嵌入大企业的供应链体系，以此扩大市场规模和提升专业化能力。三是健全中小企业运行监测和预警机制。多维度监测中小企业发展情况，根据国内外行业发展动态，及时发布风险提示信息。加强对中小企业的调研摸排，及时获取中小企业发展需求，掌握各类政策落实情况。完善中小企业纾困救助制度，统筹相关部门资源，出台更加精准有效的政策，推动区域联合协调和运转，推动各类需求更为有效地对接，保证关键中小企业生产稳定。

三、提高在华外资企业的根植性

外资企业是中国市场主体的重要组成部分，以市场主体 2%的占比，贡献了

① 《大力促进中小企业发展努力完成<中国制造 2025>任务》，《中国中小企业》2015 年第 10 期。

我国六分之一的税收、五分之二的进出口，是我国制造业深度融入全球产业链供应链体系的重要纽带。党的二十大报告提出，“依托我国超大规模市场优势，以国内大循环吸引全球资源要素，增强国内国际两个市场两种资源联动效应，提升贸易投资合作质量和水平。”“深度参与全球产业分工和合作，维护多元稳定的国际经济格局和经贸关系。”我国内需潜力大、增长速度快，目前仍是外商最佳投资目的地之一，需要综合多种手段增强外资企业的根植性，在保证安全的前提下做好全球产业布局。一是开展制造业外资企业情况的动态跟踪。当前，在华外资企业呈现数量大、领域多、分布广等特征，但缺乏系统的统计体系。建议工业和信息化部联合国家发展和改革委员会、商务部、国家统计局等部门，开展我国制造业外资企业情况监测分析，对分行业、分地区、重点外资项目情况进行跟踪，按月度、季度、年度对外资企业的统计指标进行汇总分析，及时发现问题，及早提出精准管用的政策举措。二是建立制造业外资企业的信息沟通机制。构建制造业外资项目储备库，对外资项目实行分级动态管理，摸清家底，定期更新。建立外资企业信息沟通机制，定期与外资企业交流，确保外资企业及时掌握我国的优惠政策，国家相关部门及时掌握外资企业的诉求。三是做好重点外资企业资源的要素保障服务。确保重大外资项目有序推进，对事关重点产业链供应链稳定畅通的企业，在外企人员回国、关键物资保障、物流运输、高效通关等方面给予支持。鼓励本土企业与外资企业建立紧密的合作关系，支持外资企业联合本土企业申报国家科技攻关、先进制造业集群等项目，提高外资企业的归属感和获得感。

四、加快大中小企业向链群组织转型

经过多年发展，我国形成了大量产业集聚区，一类是沿海地区自下而上形成的经济区，另一类是自上而下通过设立园区形成的大量经开区、高新区、产业园等。这些产业集聚区在推动经济发展过程中发挥了积极作用，但也存在发展不平衡、不充分的问题。面对当前复杂的国内外环境，企业“抱团取暖”的需求越发迫切，越来越多的企业认识到，竞争已经从单一企业的个人赛转向“集

团军”式的团体赛。只有从上游到下游的整条产业链强健，才是企业的生存之道。因此，要充分发挥现有集聚区形成的产业基础优势，通过延链、补链、强链，实现产业链上下游企业的纵向合作和相关产业链之间企业的横向互动，形成纵横交错的企业协同网络和链群化发展模式。一是完善链群企业公共服务体系。各地区在推动产业链和集群发展过程中，强化公共服务平台建设，促进劳动力、资金、创新要素的自由流动和互动共享，加速大中小企业、科研机构、高等院校、政府协会等不同主体之间从物理相邻向化学相融转变。推动链群与区域经济协同发展，壮大生产性服务业和生活性服务业，打造开放包容、合作共享的区域生态，增强产业根植性，提高产业竞争力。①二是建设链群企业供需对接平台和服务机构。推动链群大中小企业合作，企业需要自身强化合作意识，更需要建立相对明确持续的合作渠道。其中，最迫切需要解决的是企业之间的信息不对称问题。建议各地区围绕区域优势产业和龙头企业，搭建大中小企业的融通创新平台，推动大企业和中小企业围绕技术和产业链的供需对接。支持服务机构及中介组织发展，通过培训等方式，推动链群内中小企业建立现代化的管理制度，提高对市场和大企业需求的反应速度和效率，引导企业合理安排发展方向和资金使用方式。三是继续深化产业链群国际合作。要充分利用我国庞大的国内市场优势，以及产业链群对先进生产要素吸聚能力，引进高端制造业和生产性服务业，深化与全球产业链紧密联系。加快在 5G、物联网、工业互联网、人工智能等领域产业链群的国际合作，共同构建协同标准体系，推进新技术商用。支持链群内龙头企业提升全球资源配置能力，根据各国资源禀赋、产业基础、市场需求等特点，开展跨境产业链合作。提高海外知识产权运营和风险防控能力，建立海外知识产权风险预警和防范机制，提高产业风险防控能力。

第五节 推进工业治理体系现代化

新时代推进工业治理现代化，关键是要正确处理好政府、市场、社会三者

① 樊蒙、程楠：《产业集群：2019 年地方竞争的新赛场》，澎湃新闻，2019 年 8 月 13 日。

之间的关系，并根据新经济、新业态、新模式的发展，不断调整优化治理手段和治理模式，以更适应工业发展的需要，有力推进工业现代化进程。

一、继续加快工业治理能力建设

工业主管部门要适应新工业革命科技、创新、产业跨界融合趋势，从有利于增强产业技术自主创新和科技自立自强、有利于产业基础高级化和产业链现代化、有利于优化重大生产力布局和区域协同发展的角度出发，完善行政职能，更好地发挥工业主管部门在规划、政策、标准方面的作用。一要充分发挥规划引领工业经济发展的作用。编制综合性、行业性、区域性的发展规划，做到开门问策、集思广益，既有助于充分发挥市场在资源配置中的决定性作用，又能更好地发挥政府作用，促进各方凝聚共识、积聚力量，加快制造业高质量发展和制造强国建设步伐。二要从适应工业经济发展需要的角度出发，调整产业政策着力点。在基本实现工业化后，我国制造业大国地位进一步巩固，除了少数新兴产业需要在起步期给予政策支持，大部分产业的主要任务从“做大”转向“做优”“做强”。这就要求产业政策从差异化、选择性向普惠化、功能性转变，需要加快制定出台一批全面提升技术能力的创新政策和改善整体营商环境的竞争政策，以实现快速经济增长和对领先者的追赶。三要大力提升产业标准化的水平。紧紧围绕产业发展方向，聚焦重点产业链供应链，强化关键环节、关键领域、关键产品的技术标准研制与应用，强化标准对工业智能转型、绿色发展的支撑，筑牢产业发展基础，推进产业优化升级，从“中国制造”走向“中国标准”，满足高质量发展的需要。

随着社会主义市场经济体制的建立和完善，我国行业协会、商会发展迅速，在为政府提供咨询、服务企业发展、优化资源配置、加强行业自律、促进市场经济发展等方面发挥了积极作用。[①]作为现代工业治理体系的一个重要组成，行业协会将在工业现代化进程中发挥更加重要的作用，即持续增强行业的自我管

① 《中共中央办公厅、国务院办公厅印发〈行业协会商会与行政机关脱钩总体方案〉》，中国政府网，2015年7月8日。

理和自我发展能力。一方面，要加快政府职能转变。把应当和适宜由行业协会履行的职能，如行业重大问题研究、技术培训、管理咨询、信息服务、行业自律等，真正移交给行业协会，支持行业协会角色转变和规范发展。在政府与行业协会之间建立常态化沟通联系机制，定期就行业发展的重要问题开展对话与交流，重大政策在制定和出台前要吸收行业协会参加，听取行业协会意见，扩大行业协会的知情权和参与权。另一方面，要加强行业协会自身能力建设。行业协会要建设经济信息交流平台，切实加强行业内部交流活动；通过组织专家研讨、深入企业调研等方式，研判行业技术趋势和市场变化；支持有实力的企业开展质量、品牌、标准建设和关键核心技术攻关，增强核心竞争力；用好产业链上下游关系，加快技术攻关成果的推广应用，营造行业内的创新氛围；制定行业协会规章制度，尤其对行业内的侵权、抄袭等不端行为必须予以惩罚，增强会员对行业协会的认同感，提升行业协会的权威性。

二、探索应用工业治理新范式

推进工业现代化，必须全面贯彻新发展理念，坚持以供给侧结构性改革为主线，加快建设现代化经济体系，在这个过程中，需要我们创新治理模式和手段，引导产业向高端化、智能化、绿色化方向发展。

从行业维度看，对不同发展阶段和目标的行业，要采取不同的治理模式。其中，传统产业转型升级需要推广精准治理。过去，传统产业的增长逻辑是投资驱动型的规模化发展，要素投入量大，资源消耗值高。但进入 21 世纪，随着工业化进程渐近尾声，经济增长的底层逻辑已变为全要素生产率的增长。我们必须全面了解资源的占有和使用情况，不断提高资源配置效率和投入产出效率，提高传统产业的竞争力。发起于江浙的“亩均论英雄”就是一项值得全国推广的治理模式——把工业企业的产出绩效综合评价结果与要素供应、财政扶持和奖惩政策挂钩，倒逼企业提质增效、转型升级。[①]新兴产业发展壮大需要探索敏捷治理模式。与传统产业相比，新兴产业在技术发展和商业模式上具有高

① 赛迪智库：《宁波精细化管理开创工业治理新模式》，北极星节能网，2018 年 2 月 27 日。

度不确定性，导致产业治理面临多重挑战。[①]对新兴产业的发展而言，如果政策过于严格，可能会导致新兴产业“出师未捷身先死”；如果政策过于宽松，可能会在社会经济等领域带来安全隐患甚至直接损失。这就需要引入敏捷治理模式，即建立一套具有柔韧性、流动性、灵活性或适应性的行动或方法。具体到新兴产业治理，就是要在创新和风险之间寻求平衡，切忌使用“非此即彼”的硬约束工具，而是利用干预性不强的手段达到最佳效果，实现多目标之间的平衡。

从时间维度看，有必要尽快建立决策权、执行权、监督权既相互协调又相互制约的全生命周期治理模式。在决策环节，借鉴发达国家政府部门的决策咨询机制，要求各级政府设立正式、独立、法定的决策咨询委员会，该委员会由相关领域专家、社会团体代表、企事业利益群体代表组成，负责审议重大决策、提出修改意见，并对审议决策进行调研、咨询、评价等活动。在执行环节，按照短期调控目标服从长期发展目标、短期调控政策服从长期发展政策、公共财政服从和服务于公共政策的原则要求，明确属于政府职能、属于公共产品和公共服务范围的，要以产业链（群）、重大工程项目为抓手，打破“政策孤岛”，提高产业、科技、金融、人才等政策协调性，集中数据、土地、能源等资源要素并予以保障和支持。[②]在监督环节，为了避免规划、政策、标准停留在发布层面，不能得到及时有效的贯彻和执行，需要建立健全实施监测评估机制，聚焦目标、任务、工程等，分类明确监测内容、细化监测实施方案、强化监测结果运用，形成协同管理闭环。

从空间维度看，要从过去的碎片化治理模式向以集群为载体的整体性治理模式转变。先进制造业集群作为一种产业组织形态，被视为打破“政策孤岛”的重要工具。在推动集群高质量发展、增强国际竞争力的过程中，强调技术创新和组织变革“双轮驱动”。其中，技术创新依赖于集群内大量企业集聚和人员交流所形成的知识外溢和技术扩散，从而推动企业、高等院校、科研机构、行

---

① 赵静：《走向敏捷治理：新兴产业发展与监管模式探究》，光明网，2019 年 12 月 3 日。

② 《“十四五”规划〈纲要〉解读文章之 43|加强规划实施保障》，国家发展和改革委员会官网，2021 年 12 月 25 日。

业组织、中介机构、金融机构等各主体之间的创新竞争与合作。[①]组织变革是促进集群成员从“物理相邻”向“化学相融”转变，以正式和非正式互动联系为纽带建立网络型协作组织。集群的技术特点和组织形态对整体性治理模式提出迫切要求，即强调以协调、整合和责任为治理机制，跨越组织功能边界，对治理层级、功能、公私部门关系及信息系统等碎片化问题进行有机协调与整合，不断从分散走向集中，从部分走向整体，从破碎走向整合。[②]强调先进制造业集群的整体性治理模式，有助于消除政策间矛盾、改善政策实施效果，可通过优化要素资源配置、提供完整性服务等措施，增强政府治理能力和履职能力。

三、推动行业治理数字化转型

数字经济时代的来临，意味着数据与劳动、资本、土地等其他财富创造要素同等重要，需要将信息资源作为产业竞争的重要来源，将信息资源的收集、占有、控制、分配能力作为国家能力的重要组成部分，并研究基于信息资产的数据治理新方式。

一方面，要加大力度建设数字政府，全面提升惠企服务能力。数字政府建设的前提是推进政府数据开放共享，这既是对建设“开放型政府”“服务型政府”等理念的深化，又是助推政府治理现代化必不可少的关键环节。[③]但目前看，我国政府数据开放处于初期阶段，面临开放水平不高、共享进展缓慢、数据隐私和安全风险大、数据整体质量不高等困境。[④]为加快政府数据开放步伐，要加快研究提出政府数据开放的基本原则，制定政府数据资源开放的规章制度，建立政府数据公开的平台，编制政府信息资源目录体系，完善社会数据开放利用的政策体系和标准规范，推进建立和规范商业化的数据交易市场，为数据资源的流通创造有利条件等。[⑤]数字政府服务企业的抓手是建设数据治理综合服务平

① 曾刚：《推动先进制造业集群发展》，《经济日报》2022 年 6 月 17 日。

② 吴德星：《整体性治理理论与实践启示》，《学习时报》2017 年 11 月 27 日。

③ 管志利：《政府数据开放重在协同治理》，人民论坛网，2021 年 7 月 16 日。

④ 梁宇、郑易平：《我国政府数据协同治理的困境及应对研究》，《情报杂志》2021 年第 9 期。

⑤ 安筱鹏：《重构：数字化转型的逻辑》，电子工业出版社，2019。

台。数据治理综合服务平台旨在为企业、政府、园区提供搭建和运营产业数据治理服务。要增强平台数据资源整合能力，须通过建立集中、共享的数据库，实现跨部门、跨业务的数据共享与流动，并通过业务垂直整合和再造服务流程，破解部门间信息共享动力不足、机构间数据互动机制不畅的问题。要提高平台数据处理和科学决策能力，须通过建设数据处理、服务组件或模块的集合，为提升数据治理效率、优化业务和产业、升级组织架构，以及精益运营与科学决策赋能。要打造泛在可及的政务服务能力，加快政策信息数字化发布，优化惠企政策智能推送服务，通过“人工智能+人工辅助”，优化政策推送算法，变“企业找政策”为“政策找企业”，推动政策一网可查、一网通办，全面提升公共服务数字化、智能化水平。

另一方面，要规范数字经济发展，营造良好的数字生态。目前，数字技术迭代创新，数字经济迅猛发展，在提高社会生产力的同时，也带来了新的问题和挑战。建立健全规范有序的数字化发展治理体系，一是要摸清数字经济家底，建立数字经济统计调查制度，强化统计、监测、分析和预警工作。在传统统计体系的基础上，探索建立与大型电子商务交易平台、运行数据富集型企业的信息采集、分析的新机制，建立实时、系统、准确的国家经济运行监测新机制，开展基于大数据的统计监测试点，健全全面反映数字经济发展的统计体系。①二是加强新技术、新业态治理。在鼓励数字技术创新的同时，也要建立和完善数字技术应用审查机制和监管法律体系，加强个人隐私保护，开展技术算法规则/标准制定、安全评估审查、伦理论证等工作，实现科技向善，使创新科技为人类所用。②中央财经委员会第九次会议明确，从构筑国家竞争新优势的战略高度出发，坚持发展和规范并重，把握平台经济发展规律，建立健全平台经济治理体系。在鼓励平台企业提升产品质量服务的同时，也要不断优化平台运行规则和平台营商环境，通过完善违法内容举报与处理披露机制，引导平台企业及时主动公开违法违规内容自查处置情况，及时预警排查重大风险隐患。三是强化

---

① 安筱鹏：《重构：数字化转型的逻辑》，电子工业出版社，2019。

② 《中央网络安全和信息化委员会印发〈“十四五”国家信息化规划〉》，中国政府网，2021 年 12 月 28 日。

网络安全保障能力。数字经济蓬勃发展的同时，安全的重要性与日俱增，要进一步加强网络安全保障，加快实施国家基础网络安全保障能力提升工程，鼓励企业聚焦高级威胁防护、态势感知、监测预警等关键核心技术进行攻关，建立安全可控的网络安全软硬件防护体系，全面加强网络安全保障能力建设。

四、完善要素市场化配置机制

生产要素是推动经济增长和产业发展的原始资源，提高生产要素的配置效率，需要培育和发展要素市场。只有让劳动力、资本、技术、数据等生产要素充分自由流动，才能优化生产要素的供给和配置，释放新需求，培育新动能，推动新产业、新技术、新业态、新模式蓬勃发展。

一是完善高技能人才培养体系。高技能人才是制造业高质量发展的根本所在，但我国高技能人才严重缺失。人力资源和社会保障部发布的全国“最缺工”100个职业中，技术工种岗位缺工现象较为突出。2022年四个季度的报告显示，从第一季度、第二季度的电子信息领域技术工人短缺，到第三季度的铆工、锻造工、模具工不足，再到第四季度的汽车行业相关岗位缺工，制造业缺工状况一直没有得到有效缓解。加强高级工以上的高技能人才队伍建设已经迫在眉睫。建议加快构建以职业学校为基础，以用人企业为主体，多方力量共同发力的高技能人才培养体系，健全终身职业技能培训制度。探索适合中国国情的学徒制，通过双导师制、订单式培养等方式，深化产教融合、校企合作。健全技能人才职业技能等级制度，形成由学徒工、初级工、中级工、高级工、技师、高级技师、特级技师、首席技师构成的职业技能等级（岗位）序列。[①]鼓励企业建立健全多劳者多得、技高者多得的技能人才薪酬分配制度，促进人力资源优化配置。通过开展职业技能竞赛，为技能人才提供展示的舞台，让高技能人才脱颖而出，营造全社会尊重技能人才的良好环境。

二是实施金融助企伙伴行动。习近平总书记指出，“金融是实体经济的血

① 《人力资源社会保障部关于健全完善新时代技能人才职业技能等级制度的意见（试行）》，中国政府网，2022年3月18日。

脉，为实体经济服务是金融的天职，是金融的宗旨，也是防范金融风险的根本举措。”[①]但经济发展速度放缓之后，金融与实体经济之间的矛盾日益突出。从需求端看，我国还没有建立与中小微企业发展相适应的信贷体系，量大面广的中小企业由于缺少担保资产，很难获得传统信贷资金，企业发展受到限制。从供给端看，我国的金融体系是以银行为主导的间接融资为主，银行贷款成为企业融资的重要来源，对部分民营企业，尤其是中小微企业而言，缺少多元化的融资渠道。在未来发展中，建议开展制造业企业（尤其是中小企业）服务模式创新，探索知识产权质押、动产质押、应收账款质押、股权质押等新的融资模式，促进制造业向高端化、智能化、绿色化转型。进一步加大对中小微企业的普惠金融支持力度，支持风险投资、天使投资、各类股权投资基金等，助力初创企业发展壮大。

三是提高工业用地利用效率。土地是重要的生产要素之一。历经数次工业革命，工业用地始终是支撑工业高质量发展的重要生产要素。我国经过改革开放后四十多年的高速发展，很多地区的工业用地供给从供应过剩转向供应趋紧。同时，有着更高空间需求的新产业、新业态不断迅猛发展，原来较为粗放的土地供应和管理政策已经不能满足其发展需求。要鼓励地方结合实际情况，一方面，划设工业用地控制红线，保障大项目、好项目的工业用地；另一方面，提高低效工业用地容积率和单位用地面积产出率，避免工业用地的闲置和浪费。要进一步深化“标准地”出让改革，健全长期租赁、先租后让、弹性年期等市场供应体系，探索增加混合产业、复合功能用地供给。在土地供应后，动态巡查合同落实情况，审核企业运行指标，检查项目合同规定的容积率、投入产出等指标是否达标，不断规范土地市场秩序。

四是加快培育完善数据要素市场。数据已经成为工业生产必不可少的新生产要素，能否掌握数据资源并将其有效转化为生产要素，促进数据要素有效参与价值创造和分配，已经成为衡量新时代工业现代化竞争力水平高低的重要因

① 《新时代中国金融发展的根本遵循（深入学习贯彻习近平新时代中国特色社会主义思想）》，人民网，2022年6月23日。

素。因数据具有的外部性、非结构性、非标准化、资源标的多变性、边际成本递减、规模报酬递增等特征，使得数据的权属界定、价格形成、交易流通、开发利用等各个环节存在诸多待解决的问题和挑战。为更好地发挥数据要素价值，建议抓紧制定数据要素价值评估框架和评估指南，在互联网、金融、通信、能源等数据管理基础好的领域，开展数据要素价值评估试点。推动建立市场定价、政府监管的数据要素市场机制，发展数据资产评估、登记结算、交易撮合、争议仲裁等市场运营体系。培育大数据交易市场，鼓励各类所有制企业参与要素交易平台建设，探索多种形式的数据交易模式。

后　　记

本书是中国电子信息产业发展研究院2022年度重大软科学研究课题成果之一，是课题组全体研究人员与出版工作人员共同创作的成果和智慧的结晶。本书共分为六章。其中，第一章由邵立国牵头，李婧、康萌越参与撰写；第二章由孙海尧牵头，张昕嫱参与撰写；第三章由张昕嫱牵头，孙海尧、邱石、邵立国、程楠参与撰写；第四章由康萌越牵头，张昕嫱、孙海尧、邱石、邵立国、程楠、谭俊彬参与撰写；第五章由郝伟伟牵头，张昕嫱、孙海尧、邱石、邵立国、程楠参与撰写；第六章由程楠牵头，张昕嫱、孙海尧、邱石、邵立国参与撰写。

在本书的研究、撰写和出版过程中得到了工业和信息化部规划司，以及中国电子信息产业发展研究院战略研究中心和软科学处等部门的大力支持，肖华、周民良、付保宗、冯华、郭威、朱明皓、李燕、贺俊、徐佳宾、黄晨等多位专家为本书提出了许多宝贵的意见和建议，在此一并表示衷心的感谢！

本书撰写组

2023年2月